会話式 & 事例で学ぶ

「ココが まちがい やすい！ 相続・贈与」

ベイヒルズ税理士法人 編著

セルバ出版

は じ め に

2015年1月、相続税が大増税されました。基礎控除額は4割引き下げられ、最高税率は50%から55%に引き上げられたのです。

今までは日本全国で相続税がかかるケースは4%程度でした。

今後は全国的に相続税の課税対象者が2倍近くになり、東京都内に限定すれば2人に1人は課税対象になるという推計もあります。誰もが相続税について考えなければいけない時代になったのです。

関係のあまり良好でない家族はもちろん、場合によっては円満な家族であっても、「相続」に関する話はタブー視されることがあります。なぜなら、相続（財産の分割）は仲の良い（良くない）家族同士の利害が真っ向から対立するからです。信頼しあう家族同士であってもいがみあい、財産の取り分を主張する、相続がまさに「争族」になってしまったという話をよく聞きますが、大きな要因の1つがこれです。

相続が発生すれば、当然信頼できる弁護士や司法書士、税理士に相談される方が多いでしょう。手前味噌のようですが、私も専門家への相談を強くおすすめします。

一方で、これら専門家は法律や税金面でのプロではありますが、当然、全ての問題を解決できるわけではありません。個々のご家族の状況や、皆様の思いや感情まではくみ取ることには限界があります。本当の意味での解決は相続人の皆様次第なのです。

そこで、相続、相続税の当事者であるご家族の皆様が必要最低限の知識を持つことが不可欠であると考え、本書を書くに至りました。

本書は、専門家が読むような解説書ではありません。相続についての入門編として、法律、税法の知識のない方に是非読んでいただ

きたいと思い、できるだけ理解のしやすいよう会話式にしております。限られたページ数の中でできるだけわかりやすくかみ砕いて書いたつもりです。難しい専門用語をあえて使わず、細かい財産評価や税金計算については、最低限の解説にとどめております。

　私どもベイヒルズ税理士法人は、創業28年、相続・贈与税に特化した部署を設け、現在までに数多くのお客様の相続税申告や相談業務に携わってまいりました。そのような実際の経験をもとに本書は書かれております。

　本書を読んだ、読者の皆様が今以上に相続、相続税についての知識を持ち、その知識がこれらに関わる様々なトラブルを回避することにつながれば、私にとってこれに勝る幸せはありません。

　平成27年8月

　　　　　　　　　　　　　　　　　ベイヒルズ税理士法人
　　　　　　　　　　　　　　　　　代表社員　　　岡　春庭

〈登場人物〉

　本書は、ベイヒルズ税理士法人のメインキャラクターである
タックス・バニーが解説して、「相続」「贈与」に対してあまり知識
がないファミリーが学んでいくというストーリーになっています。

　各テーマの最後に「ココがまちがいやすい！」ポイントを示して
いるので、参考にしてください。

よろしく
お願いします！

タックス・バニー

岡さんご一家は、横浜近郊に住む仲良しファミリーです。

　お父さんはサラリーマン。お母さんは専業主婦です。1人娘のみかさんは、都内でOLをしています。

　みかさんは、このたびの相続税の税制改正で、「我が家にも相続税がかかるのでは」と心配になり、専門家に相談してみることにしました。そして、相続税の無料相談をしてもらいに、ベイヒルズ税理士法人を訪れたわけです。

　しかし、応接室に現れたのはうさぎでした。うさぎは「私はタックス・バニーです。相続・贈与には詳しいです。よろしくお願いします」というのです。

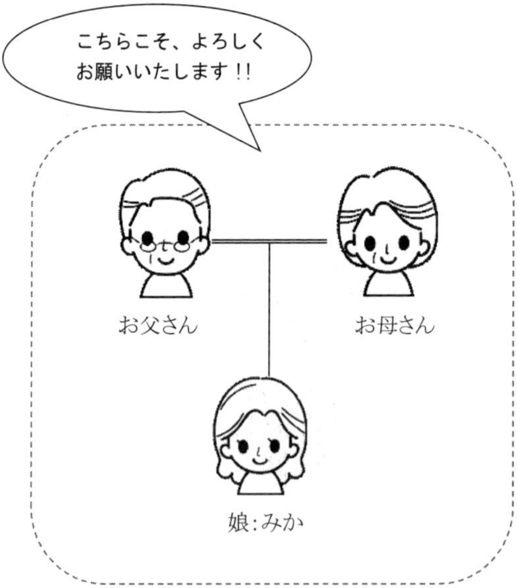

こちらこそ、よろしく
お願いいたします！！

お父さん　　　　　　お母さん

娘：みか

会話式＆事例で学ぶ　「ココがまちがいやすい！　相続・贈与」
目　次

Ⅰ　とりあえずの相続贈与の基礎知識編
1　相続人になれるのは誰？　法定相続分ってなに …………… 12
2　相続放棄・単純承認・限定承認ってなに ………………… 18
3　遺言書・遺留分減殺請求ってなに ………………………… 24
4　遺産分割協議ってどういうこと …………………………… 28
5　特別受益・寄与分ってなに ………………………………… 32
6　贈与ってなに ………………………………………………… 36

Ⅱ　まずはどうする?!　相続手続編
1　亡くなった直後の手続は ……………………………………… 46
2　法的な手続はどうすればいい? ……………………………… 50
3　税金関係の手続は ……………………………………………… 56

Ⅲ　一番気になる！　税金編
1　相続税がかかる財産はどれとどれ …………………………… 64
2　相続財産の評価額はどうやって算出するの? ……………… 68
3　財産から控除できる債務はどれとどれ ……………………… 74
4　相続税ってどうやって計算するの? ………………………… 78
5　２割加算と７つの税額控除ってなんのこと ………………… 84
6　相続税の納税方法は …………………………………………… 90
7　贈与税の申告・納税方法は …………………………………… 94

Ⅳ　やっておきたい！　相続対策編

1　遺言書をつくろう ……………………………… 104

2　信託を活用しよう ……………………………… 110

3　養子縁組をしよう ……………………………… 116

4　生前贈与をしよう

　①暦年贈与・相続時精算課税 ………………… 122

　②住宅取得等資金の贈与 ……………………… 128

　③おしどり贈与 ………………………………… 134

　④教育資金、結婚・子育て資金の一括贈与 ……… 140

　⑤国外財産の贈与 ……………………………… 146

5　「生命保険」は万能選手 ……………………… 152

6　不動産対策を考えよう

　①特例を使おう（小規模宅地等の特例の適用） …… 158

　②土地分割の工夫 ……………………………… 164

　③土地の有効活用 ……………………………… 170

　④法人設立３つの方法……………………………… 176

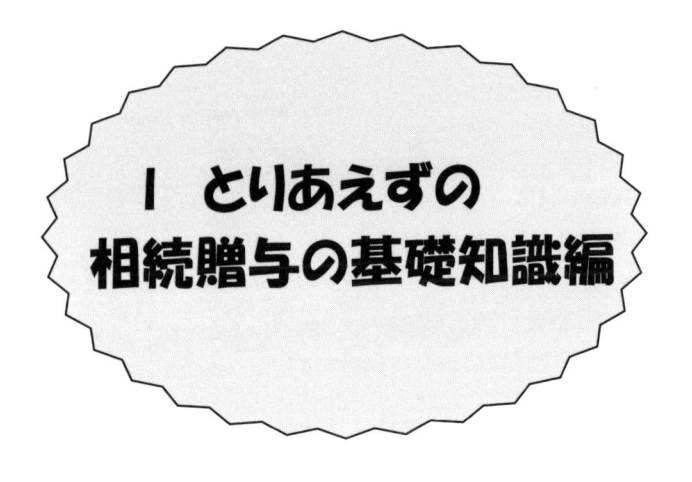

1 とりあえずの
相続贈与の基礎知識編

I　とりあえずの相続贈与の基礎知識編

バニー：いきなりですが、「相続」とはなんでしょうか。

父　　：亡くなった人の財産を、亡くなった人の妻子が受け継ぐことかな。

バニー：そのとおりです。もっというと、亡くなった人の財産・権利義務を、一定の血縁関係のある人が包括的に承継することです！　亡くなった人を「被相続人」、承継する一定の血縁関係の人を「相続人」、受け継ぐ財産を「遺産」もしくは「相続財産」といいます。

　　　　また、承継する財産及びその権利義務ですが、預貯金・不動産等のプラスの財産、借入金等のマイナスの財産はもとより、生前に締結していた売買契約の売主の地位、賃貸借契約の貸主の地位、保証人の地位も受け継ぎます。

母　　：相続人がもらうのは、目にみえる財産や借入金だけじゃないってことね。それはそうと、「相続」はしたいしたくないにかかわらず、必ず財産や権利義務を受け継がないといけないの？

バニー：いいえ、「相続」には、①全部受け継ぐ（単純承認）、②受け継がない（相続放棄）、③一部を受け継ぐ（限定承認）の3つの方法があって、相続人は各々選択することができます。

みか　：なるほど。で、相続人同士はどうやって遺産を分けるの？

バニー：遺言書がある場合は遺言書に従って分けます。ない場合は、相続人の全員で話し合って決めます。

母　　：遺言書にお父さんが「愛人に全部あげる」って書いてたら?!

父　　：・・・・

バニー：「遺留分減殺請求」といって、相続人（被相続人の兄弟姉妹以外）は一定割合の遺産を取得する権利（遺留分）を主張することができますよ。

みか　：遺言書があったら、それがお父さんの意思だからさ、それに従うしかないけど、なかったらもめそう!!!　私は1人っ子だけど、仮に私に兄弟がいて、その兄弟が大学や大学院まで行かせてもらっていたら不公平だって思うよ。だって、私は短大しか行ってないもん。

母　　：それをいうなら、お母さんは、お父さんの面倒をたくさんみたわ。お義父さんの面倒もみた。財産の大半をもらって当然よ。

バニー：分割において、こういった不公平を是正するために、「寄与分」「特別受益」の考え方が民法にあります。貢献があった人に相続分が上乗せ(寄与分)、逆に相続分が減らされる(特別受益)によって分割を調整します。

父　　：民法で、誰が相続人の資格があって、どのように分割しなければならないか、細かくきまっているんですね。

バニー：そうです。まずは民法で定められた「相続」「贈与」のきまり事の基本をおさえましょう。

I　とりあえずの相続贈与の基礎知識編

1　相続人になれるのは誰？　法定相続分ってなに

バニー：まず、亡くなった人を「被相続人」、その財産を受け継ぐ
　　　　人を「相続人」と呼んでいます。

みか　：「被相続人」と「相続人」。ドラマなどでよく聞く用語です
　　　　よね。誰が相続人になれるか、その相続人がどの位財産をも
　　　　らう権利があるのか、法律で決められているんですよね。

バニー：そのとおり！　民法では、相続人になれる人を決めており、
　　　　それを正式には「法定相続人」といいます。法定相続人には
　　　　「配偶者（夫や妻）相続人」と「血族（血のつながりのある家族）
　　　　相続人」とがあります。

母　　：「法定相続人」であったら、必ず相続する権利はあるの？

バニー：いいえ、そうとは言い切れません。相続人になる人の順序
　　　　も決められています。被相続人の配偶者は常に相続人になり
　　　　ますが、血族相続人には優先順位があり、優先順位の上位の
　　　　者がいると、下位の者は相続できないのです（図表 1）。

母　　：はー、よかった。私はどんなときでも相続できる権利があ
　　　　るのね。

バニー：そうですね。血族相続人は子や孫などの「直系卑属」が第
　　　　一順位、両親や祖父母などの「直系尊属」が第二順位、兄弟
　　　　姉妹や甥姪が第三順位となります。

　　　　ちなみに、子が亡くなっていた場合は孫が、兄弟姉妹が亡
　　　　くなっていた場合には甥姪が相続人になりますが、この相続
　　　　人を「代襲相続人」といいます。

父　　：なるほど、相続は血族がいれば、亡くなっていたとしても
　　　　下に下に受け継ぐことができるんだな。

12

【法定相続人の範囲（図表１）】

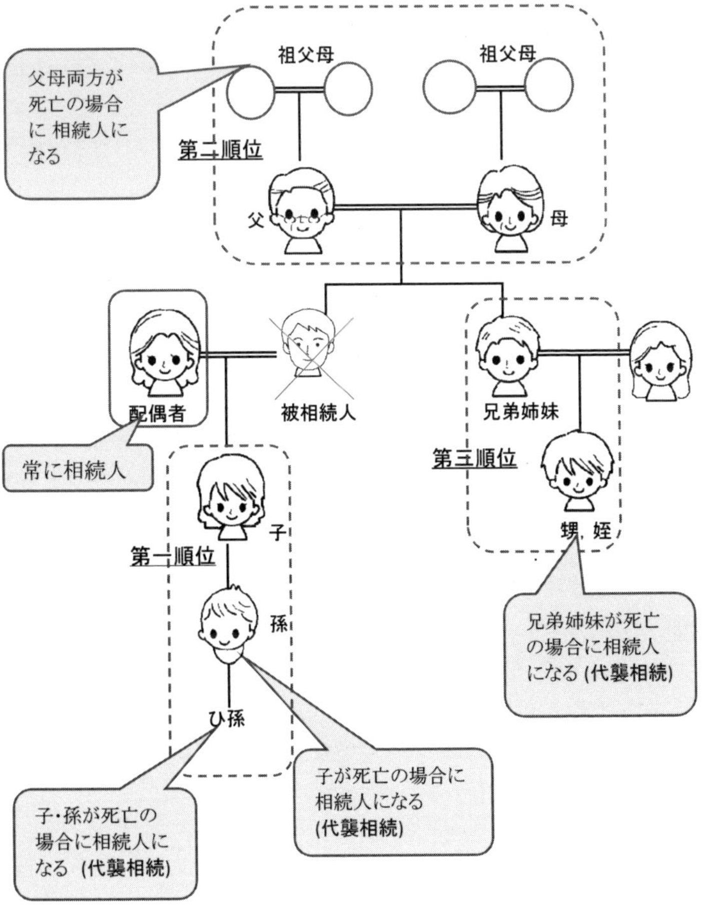

父母両方が死亡の場合に相続人になる

祖父母 ○＝○　　祖父母 ○＝○

第二順位

父　　　　母

常に相続人

配偶者　　被相続人　　兄弟姉妹

第三順位

子

第一順位

孫

甥, 姪

兄弟姉妹が死亡の場合に相続人になる (代襲相続)

ひ孫

子が死亡の場合に相続人になる
(代襲相続)

子・孫が死亡の場合に相続人になる (代襲相続)

13

I　とりあえずの相続贈与の基礎知識編

バニー：はい、そうです。ただ注意してください。甥姪は傍系血族
　　　　となりますので、下に代襲できるのは一代限りとなります。
　　　　　また、法定相続人になれるのは基本的に血族のみです。愛
　　　　人や再婚後の連れ子は相続人にはなれません。養子縁組をし
　　　　て「養子」となれば実子と同じ身分となるので、法定相続人
　　　　になれます。
父　　：じゃあ、みかがいても孫を「養子」とすれば、法定相続人
　　　　にできるんだ。
バニー：そうです。ここで注意事項が一点。養子の考え方に民法の
　　　　規定と相続税を計算するための税法規定とで違いがあります。
　　　　　養子を含めた法定相続人が誰であるのかについては、税法
　　　　と民法に相違はありません。税法では法定相続人の数が多い
　　　　と、相続税の非課税枠（基礎控除）が大きくなります（詳細
　　　　は後述）。そこで、税法は基礎控除算定における養子の数を
　　　　制限しています。実子がいる場合は1人まで、実子がいな
　　　　い場合は2人までを基礎控除の対象とします。また間違いや
　　　　すいのですが、養子になっても実父母からの相続権は残って
　　　　いますので。
みか　：何人でも養子縁組して相続させてもいいけど、税金の計算
　　　　上、基礎控除がとれる人数には制限があるってことよね。
バニー：そのとおり！　間違いないでくださいね。また、民法では
　　　　それぞれの法定相続人が相続しうる相続分も規定しています。
　　　　それを「法定相続分」といいます（図表2）。
　　　　　相続人の組み合わせによって相続分は違います。
母　　：配偶者の相続分は常に2分の1じゃないの？　知らなかっ
　　　　た。ケースバイケースで変わってくるのね。
バニー：はい、そうです。配偶者は守られていますね。また、代襲

相続がある場合は、代襲相続人の相続分は、本来相続人になるべきだった人の相続分をそのまま受け継ぎます。代襲者が複数いる場合は、被代襲者の相続分を頭割りします。

【相続人の構成による法定相続分（図表２）】

相続人の構成	相続する人			
	配偶者 （常に相続人）	子 （第1順位）	父母 （第2順位）	兄弟姉妹 （第3順位）
配偶者と子	1/2	1/2	－	－
配偶者と父母	2/3	－	1/3	－
配偶者と兄弟姉妹	3/4	－	－	1/4
配偶者のみ	全部	－	－	－
子のみ	－	全部	－	－
父母のみ	－	－	全部	－
兄弟姉妹のみ	－	－	－	全部

【民法と税法の違い（図表３）】

	民　法	税　法
養子	人数制限無し	実子がいる場合は１人まで 実子がいない場合は２人まで

※税法で人数が制限されるので、相続できる養子の数が制限されるわけではない。

ココがまちがいやすい!!

- ・内縁関係は長期に渡っても相続権は発生しません。
- ・「連れ子」は養子縁組しない限り相続権がありません。
- ・養子は養父母・実父母両方の相続権があります。
- ・配偶者の相続分は常に２分の１ではありません。

I　とりあえずの相続贈与の基礎知識編

〈事例〉　ココがまちがいやすい！「相続人」

Ⅰ.代襲相続の事例

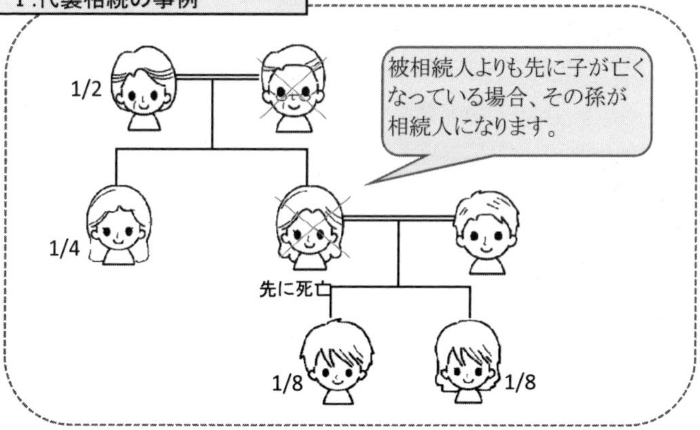

被相続人よりも先に子が亡くなっている場合、その孫が相続人になります。

1/2

1/4

先に死亡

1/8　　1/8

Ⅱ.数次相続の事例

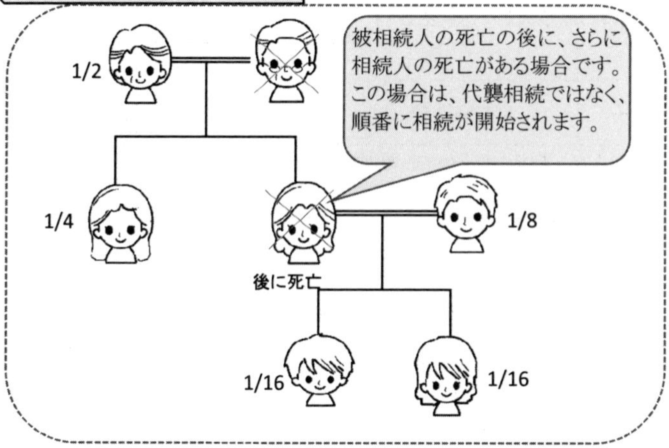

被相続人の死亡の後に、さらに相続人の死亡がある場合です。この場合は、代襲相続ではなく、順番に相続が開始されます。

1/2

1/4

1/8

後に死亡

1/16　　1/16

16

Ⅲ.前妻(夫)との子がある場合

前妻　　　　　A　　　　　　　　　　後妻 1/2

1/6　　　　　1/6　　　　　1/6

被相続人に前妻(夫)との間の子がある場合は、その子も相続人になります。前妻との間に婚姻関係がなかった場合、Aは非嫡出子となりますが、相続分は嫡出子と平等です。

Ⅳ.兄弟姉妹の代襲相続

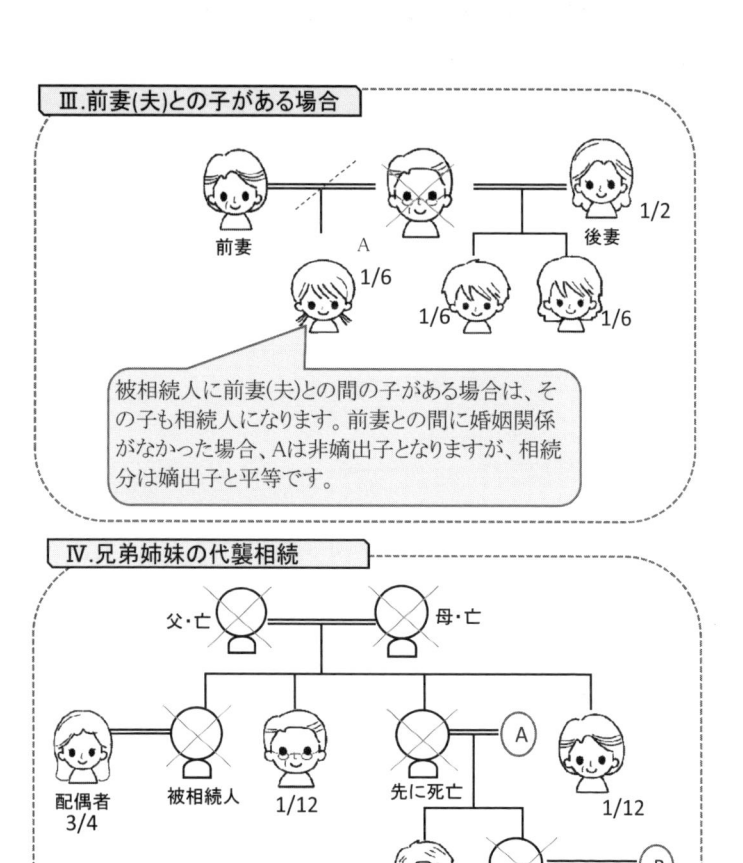

父・亡　　　　　　母・亡

配偶者　　　被相続人　　1/12　　先に死亡　　Ⓐ　　　　1/12
3/4

1/12　　　　先に死亡　　Ⓑ

Ⓒ

兄弟姉妹にも代襲相続は発生しますが、再代襲相続はありません。直系卑属に再代襲相続があるのとは異なります。

17

I とりあえずの相続贈与の基礎知識編

2 相続放棄・単純承認・限定承認ってなに

••

バニー：「相続」には３つの方法がありました。①全てを受け継ぐ
「単純承認」②受け継がない「相続放棄」③一部を受け継ぐ
「限定承認」でした。このどれにするか、亡くなってから３ヶ
月以内に決めていただくことになります（図表４）。

父　　：３ヶ月、ばたばたですな。

バニー：①単純承認は相続の基本です。被相続人の財産及び権利義
務の一切を受け継ぎます。自分が相続人になったことを知っ
てから、３ヶ月間、相続放棄や限定承認をしないと自動的に
単純承認になります。

　　　　②相続放棄は、文字の通り、何も引き継がない場合です。
引き継ぐものが借金だらけだったり、被相続人が誰かの保証
人（今は債務がなくても、後から債務が発生する可能性あり）
となっていて、関わりたくない場合などには、家庭裁判所に
申述して相続を放棄することができます。相続放棄の手続は
単独でできます。

みか　：３ヶ月という短い時間の中で、財産と借金とどちらが多い
のかどうしてもわからないとか、どうしても欲しい不動産が
あるけど借金もけっこうあるなあ…という場合は、どうする
の？

バニー：そのために③限定承認という方法があります。相続人自身
の財産まで提供して債務を弁済するということはせずに、被
相続人から承継する相続財産の限度で、被相続人の債務の支
払いをするという限度つきの相続のことです。限定的に相続
を承認するっていうことですね。限定承認は、使いようによっ

18

【相続放棄と限定承認（図表４）】

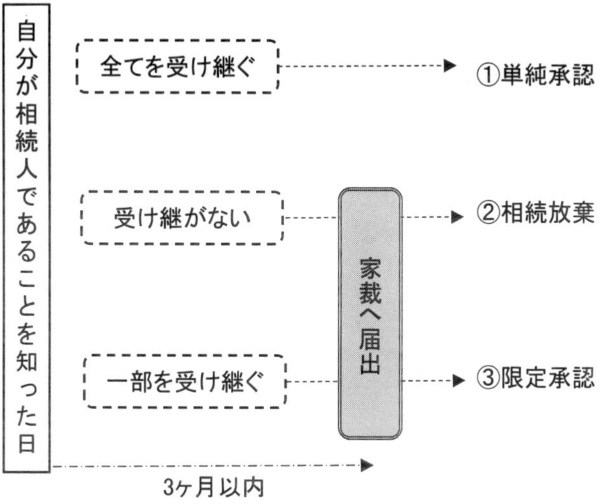

```
自分が相続人であることを知った日
    ┌─────────────┐
    │ 全てを受け継ぐ │ - - - - - - - - - ▶ ①単純承認
    └─────────────┘
    ┌─────────────┐          ┌───┐
    │ 受け継がない  │ - - - - ▶│家 │ ───▶ ②相続放棄
    └─────────────┘          │裁 │
    ┌─────────────┐          │へ │
    │ 一部を受け継ぐ│ - - - - ▶│届 │ ───▶ ③限定承認
    └─────────────┘          │出 │
                              └───┘
        3ヶ月以内 ─────────▶
```

てはとてもよい制度なのですが，税法上、相続人に時価で財産を売却したとして、被相続人に所得税（みなし譲渡所得課税）がかかることがあります。また限定承認手続は相続人全員の共同作業となり手続がちょっと面倒なので、あまり活用されてはいません（図表５）。

母　　：限定承認は、なんだか難しいわ。専門家に相談が必要ね。しつこいけど、相続放棄または限定承認したい場合は、３ヶ月以内に家庭裁判所にいって手続を踏めばいいのね。

バニー：はい、そうです。ただ注意が必要です！　うっかり遺産を〝処分〟してしまうと「単純承認」したことになってしまい、相続放棄も限定承認もできません。遺産の処分とは預金

I　とりあえずの相続贈与の基礎知識編

【相続放棄と限定承認（図表５）】

	相続放棄	限定承認
申立て	・各相続人単独で申述も可	・相続人全員が共同で申述
適用	・相続財産があきらかに債務超過の状況である場合 ・遺産分割協議に参加したくない場合 等々	・相続財産が債務超過の状況にあるか否か不明な場合 ・相続財産の中でどうしても欲しいものがある場合 等々
メリット	・相続の効力が自己に及ばないようにすることができる。 ・被相続人が債務超過の状態にある場合に相続人は自己の固有の財産を保護できる。	・相続財産の範囲内のみで借金などを負えばよい。 ・被相続人が債務超過の状態にある場合に、相続人は自己の固有の財産を保護できる。
デメリット	・プラス財産も一切の相続権を失う。	・被相続人から相続人への相続財産の時価による譲渡とみなされ、含み益は譲渡所得として課税される ・手続が煩雑

　を解約してしまったり、不動産を勝手に売ってしまったりすること等です。形見分けも"遺産処分"となるケースがありますので、高額な品の場合は要注意です。

　ただし、被相続人の預貯金から葬式・仏壇・お墓の費用に充てた場合はよほどの高額でない限り遺産の処分とはなりま

せんから大丈夫です。

みか　：うわー、うっかりやっちゃいそう。

バニー：相続を放棄すると、相続人でなかったことになるため他の人に相続の権利(代襲相続はおこりません)が移ります。よって他の相続人の相続分が増えたり、新たに相続人になる人がでてくることになります。

　　　　しかし、税法はちがいます。相続税の計算において、相続放棄がなかったものとして計算されます。相続放棄したことによって相続人の人数に増減が生じた場合でも相続税の金額は影響されません。相続放棄することによって税金逃れを防ぐためです。

みか　：さすが税法！　ぬかりなし。

【民法と税法の違い（図表６）】

	民　法	税　法
相続放棄	法定相続人の人数が変化する	法定相続人の人数は変化しない（相続税額は変わらない）

ココがまちがいやすい!!

・せっかちな財産処分は単純承認となり、相続放棄・限定承認ができなくなります！

・相続放棄は新しい相続人を生みます。放棄の結果、誰が新たな相続人となるのか、事前に考えることが大事です！

I　とりあえずの相続贈与の基礎知識編

〈事例〉　相続放棄で不本意な人が相続人に?!

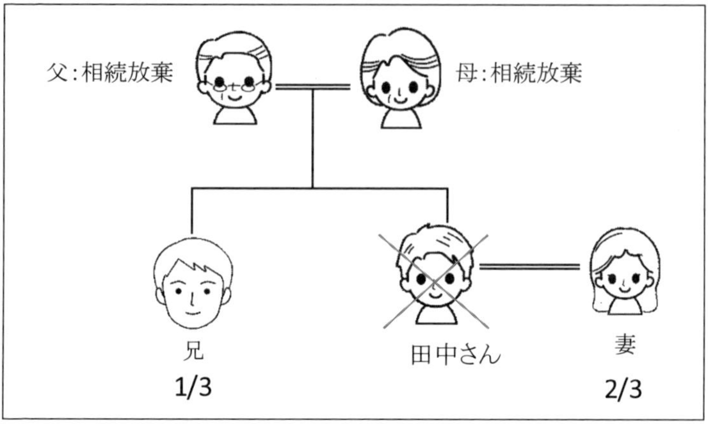

　田中さんが亡くなり、遺産として自宅と金融資産が残されました。
妻はいますが子供はいませんでした。

　田中さんの両親は健在でしたが、妻の今後の生活のことを心配し、
妻に全財産をあげるために、ご両親は相続放棄の手続をしてくれま
した。

　ところがその後、田中さんの1つ違いの兄が相続人として名乗
りをあげました。もちろん、遺産分割を要求。この兄は問題がある
人で、田中さんとも他の家族とも折り合いが悪い状態にありました。

　結局、遺産の3分の1がその兄のものになってしまいました。

　ご両親は残された妻のために、わざわざ相続放棄の手続をとった
のです。にもかかわらず、全くもって不本意な結果となってしまい
ました。

　田中さんの両親が相続放棄をせずに、遺産分割で全財産を田中さ

んの妻に譲ればよかったのです。

・相続放棄は、被相続人の債務の承継を免れるために使われるのが一般的ですが、時として特定の相続人に自分の相続分を譲るためにも利用されています。

　しかし、このような目的で相続放棄をする場合は、被相続人の親族関係を十二分に調査することが重要です。予想外の相続人の出現により、遺産が思わぬところにいってしまうことがあるからです。

・事例とは逆の話になりますが、相続放棄を被相続人の債務の承継を免れるために使う場合、自分が相続放棄を行ったときには、父、母、兄弟姉妹など次の順位の方に連絡をしておいてください。

　相続放棄した人は最初から相続人でなかったものとみなされます。新しい相続人が債務を背負うことになり、場合によっては、その新しい相続人も相続放棄の手続をとる必要があるからです。

Ⅰ　とりあえずの相続贈与の基礎知識編

3　遺言書・遺留分減殺請求ってなに

・・・・・・・・・・・・・・・・・・・・・・・・・・・・・・・・・・・・

バニー：「遺言」とは、自分に万一のことがあった場合に、自分の
　　　　財産を「誰に、どれだけ、どのように」取得させるかを決め
　　　　る意思表示のことで、この意思表示を民法の規定に従って残
　　　　したものが遺言書です。遺言書はその人の「最終的な意思表
　　　　示」として法的効果のあるものですので、法定相続に優先し
　　　　ます。また基本的に何度でも内容を変更することが可能とな
　　　　っています。

父　　：遺言書の内容は、亡くなった人の意思なので何よりも優先
　　　　されるということですね。

バニー：そうです。遺言書で財産をあげることを「遺贈」と呼びま
　　　　す。遺言で財産をあげる人を「遺言者」、財産をもらう人を
　　　　「受遺者」といいます。遺贈は、相続とはちがい、財産をあ
　　　　げる人は、子供に限らず生前お世話になった人など誰でも指
　　　　定することができます。これはとても大きい遺言書作成のメ
　　　　リットです。

母　　：亡くなった人が遺言書を残さなかったら、皆で話し合うの
　　　　よね。

バニー：はい、そうです。遺言書を残していなかったら、相続人全
　　　　員で集まって分割協議を行い、被相続人の財産の分け方を決
　　　　めることになります。遺産の分け方は自由なのですが、相続
　　　　人同士がもめたり、家庭裁判所で争われたりすると、法定相
　　　　続分による分割となることが多いようです。

みか　：家族同士でもめるなんて悲しいわよ。遺言書をお父さんに
　　　　書いて欲しいわ。

【遺言書の種類別とそのメリット・デメリット（図表７）】

種　類	自筆証書遺言	公正証書遺言
作成方法	遺言者本人が遺言の全文・氏名・日付を自書し、押印する	本人と証人２名で公証役場行き、本人が遺言内容を口述（自身が書いたものを持参してもよい）し、それを公証人が記述する
証　人	不要	証人２名以上
家庭裁判所の検認	必要	不要
遺言書の開封	封印のある遺言書は、家庭裁判所において相続人等の立会いを待って開封しなければならない	開封手続は不要
メリット	作成が簡単かつ安価 遺言内容を秘密にできる	保管の心配不要 遺言の存在と内容を明確にできる 検認手続不要
デメリット	内容不備による無効のおそれあり 検認手続が必要 紛失のおそれがある	内容が漏れる可能性がある 費用がかかる

Ⅰ　とりあえずの相続贈与の基礎知識編

父　　：そうだな、大変そうだけど書いてみようかな。自分で書けるのかな、誰かに頼んだほうがいいのかな。

バニー：大きく分けて、自分でつくる「自筆証書遺言」、公証人につくってもらう「公正証書遺言」があります（図表7）。

　　　　自筆証書遺言は自分でつくれるので簡単ですが、紛失したり心ない人が偽造したり、相続人が遺言書を探せなかったなんてケースもあります。また法律により定められた要式により書かないと、法的な要件が不備で遺言が無効ということもあり得ます。遺言者の死亡後には裁判所に持って行って「検認」という手続も必要となります。

　　　　ちなみに、検認とは、開封時の遺言書の形状や文面などの状況を詳細に記録して、その後、遺言書の修正・改竄がされないようにするための作業です。有効か無効かを判断してくれる作業ではありません。

母　　：自筆証書遺言は、あとで相続人が大変そうね。

バニー：はい。一方、公正証書遺言は公証人が、遺言者の意図を正確にくみ取り、遺言書を作成してくれます。もちろん内容不備による無効なんてことはまずありません。公証役場が遺言書を保管するので、紛失や偽造の心配もありません。ただし、公証人に頼むので手数料がかかります。

みか　：ところで、「遺留分減殺請求」だけど、遺留分を侵害されている相続人は、遺留分を侵害している他の相続人等に対してその侵害額を請求することができるんですよね。

バニー：はい。民法で、遺留分は、相続人が妻や子供がいる場合は相続財産の2分の1、相続人が親だけの場合には相続財産の3分の1になります（図表8）。被相続人の兄弟姉妹の遺留分はありません！　また、遺留分減殺請求は相続及び遺留分

【遺留分（図表8）】

相続人の構成	遺留分		
	配偶者	子	父母
配偶者と子	1/4	1/4	
配偶者と父母	1/3		1/6
配偶者のみ	1/2		
子のみ		1/2	
父母のみ			1/3

の侵害があったことを知ったときから1年、又は相続税発生後10年を過ぎると時効となり請求できなくなりますので注意してくださいね。

ココがまちがいやすい！

・遺言で財産を貰う受遺者は誰でもかまいません。したがって、相続人以外の人にも財産をあげられます！
・自筆証書遺言は意外に手続が面倒。しかも、法律に定められた要式を満たしていないと無効となってしまいます！
・遺留分減殺請求権は、被相続人の兄弟姉妹にはありません‼

Ⅰ　とりあえずの相続贈与の基礎知識編

4　遺産分割協議ってどういうこと

●●

バニー：被相続人が遺言書を残していなかったら、相続人全員で遺産分割協議を行い、被相続人の財産の分け方を決めるのでした。

みか　：法定相続分にかかわらず、決めていいんですよね。

母　　：相続人全員…。小さい孫が相続人の場合も協議に参加するの？

バニー：いいえ、できません。相続人が未成年の場合は「法定代理人（通常は親権者）」が協議に参加します。また法定代理人も相続人である場合は、互いに利害が対立することになるため、家庭裁判所に特別代理人の選任申立を行います。

母　　：めんどうね、やっぱり遺言書は残しておいて欲しいわね。

父　　：それはそうと、我が家は自宅と投資マンションが1室、相続人は2人。どうやって分けるんだ？

バニー：遺産を具体的に分割する方法には、現物分割、換価分割、代償分割、の3つの方法があります（図表9）。

　　　　①現物分割：遺産を現物（建物や土地等）のまま分割する方法です。②換価分割：遺産の全部または一部を売却して現金に代え、その現金を分割するという方法です。③代償分割：特定の相続人が現物を取得する代わりとして、他の相続人に対して現金等を支払うという方法です。各々の方法はメリットデメリット及び注意点があります（図表10）。

　　　　例えば、代償分割は、分割協議書に「代償金として」を明記しなければ、単純贈与として贈与税がかかるおそれがあります。

【３つの遺産分割（図表９）】

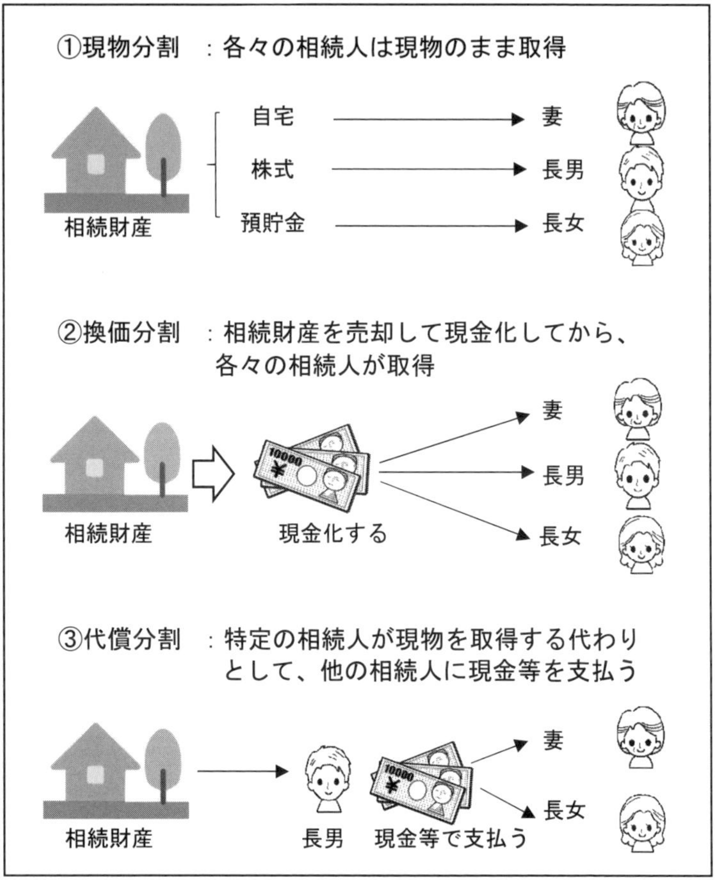

①現物分割 ：各々の相続人は現物のまま取得

相続財産 ── 自宅 ────→ 妻
　　　　　 ── 株式 ────→ 長男
　　　　　 ── 預貯金 ───→ 長女

②換価分割 ：相続財産を売却して現金化してから、各々の相続人が取得

相続財産　⇒　現金化する ────→ 妻
　　　　　　　　　　　　　 ────→ 長男
　　　　　　　　　　　　　 ────→ 長女

③代償分割 ：特定の相続人が現物を取得する代わりとして、他の相続人に現金等を支払う

相続財産 ──→ 長男　現金等で支払う ──→ 妻
　　　　　　　　　　　　　　　　　 ──→ 長女

母　　　：ややこしい。すぐには決められないわ。まあ、とりあえず
　　　　　分割してみて、不都合があればやり直せばいいか。

バニー：遺産分割協議のやり直しは相続人全員の合意があればでき

I　とりあえずの相続贈与の基礎知識編

　　　ますが、有効に成立した分割協議のやり直しは贈与税がかか
　　　る可能性があるんです。詐欺・錯誤・強迫などがあった場合、
　　　あらたに遺産が発見された相続人が増えた場合など、無効に
　　　なった分割協議のやり直しは特に問題はありません。

みか　：また贈与税!?　基本的に分割協議のやり直しができないっ
　　　てこと!?　うわー。ところで、自由に決められるってことは、
　　　分割協議で「私は一切の財産をもらわない」ってことを皆が
　　　同意してくれたら、相続放棄したことになるのかしら。そう
　　　したらややこしい相続放棄手続不要じゃない？

バニー：残念ながら、ちがいます。分割協議で「財産を一切受け取
　　　らないと決めました＝相続放棄」と思われるかもしれません
　　　が、相続人である以上、全員に対して借入金返済の義務は法
　　　的に発生しています。ですから、「遺産分割協議をしている
　　　から私は借入金を承継しません」と相続人以外の人に主張す
　　　ることはできません。言いかえると、借入金のような金銭債
　　　務は分割対象ではないということです。

父　　：借入金は相続放棄しない限りは全員で負担するってことだ
　　　な。あと、一番心配なこと。我が家に限って心配ないと思う
　　　けど、もめて分割が決まらなかったらどうなるんだろう？

バニー：家庭裁判所の「調停」や「審判」の手続きを利用すること
　　　も検討することになります。なお、遺産分割協議の結果は必
　　　ず紙（「遺産分割協議書」）に残します。相続登記の際や、そ
　　　の他財産の名義変更に必要ですし、後々のトラブルを防止す
　　　る効果もありますからね。また遺産分割協議が相続税の申告
　　　期限（相続発生から10ヶ月）までに終っていないと、税法
　　　の軽減特例（後述）が受けられない場合があります。できる
　　　だけ早めに済ませましょう。

【分割の方法とそのメリット・デメリット（図表10）】

	メリット	デメリット
現物分割	簡単で円滑に相続できる	相続人間で不公平が生じる可能性がある
換価分割	時価が反映されるので公平に分割できる 譲渡所得税の計算において、相続から3年以内の売却の場合、相続税の一部が費用として控除可（「取得費加算」）	不動産を売却しなければならない 売却による譲渡所得税がかかる場合がある
代償分割	事業用の不動産を分割しないので、後継ぎの相続人が継承できる 特例の相続人が取得するので、小規模宅地等の特例・居住用不動産譲渡の特例等により節税の可能性もある	支払側： ・相続税・代償金の支払いが負担となる。 ・現金ではなく、不動産等を代償財産として支払った場合、譲渡所得税がかかる場合がある

ココがまちがいやすい！

・相続人が未成年の場合、同じく相続人である親は、遺産分割協議に際して法定代理人にはなれません！

・代償分割は、遺産分割協議書の書き方を誤ると、贈与税がかかる可能性があるので注意が必要です！

・遺産分割協議のやり直しをした場合も、贈与税がかかる可能性があります。注意が必要です！

・遺産分割協議で「財産は一銭も受け取らない」と決めたとしても、亡くなった人の借入金の返済義務はなくなりません。

I　とりあえずの相続贈与の基礎知識編

5　特別受益・寄与分ってなに

●●

バニー：遺産分割協議は相続人全員の話し合いによって、各々の取
　　　　り分を自由に決めることができるものでした。

父　　：とはいうものの、家族とはいえ利害が対立するもの同士、
　　　　やはり法定相続分をもとに決めることが多いでしょ。

バニー：民法で決められている、いわゆる " 好ましい " 分け方なの
　　　　で、遺産分割の考え方の基礎になるのが法定相続分です。し
　　　　かし、法定相続分だけでは、不平等になるケースもあります。
　　　　　例えば、ある相続人は生前に自宅を買ってもらっていた、
　　　　逆にある相続人は長年被相続人の仕事を無給で手伝っていた
　　　　等ですね。特別受益・寄与分はそんな個別事情を汲み取り、
　　　　遺産分割をより不公平のないものにするために設けられた民
　　　　法上の制度です。

母　　：特別受益とは生前に被相続人から恩恵をうけていた場合、
　　　　寄与分は被相続人に対して何らかの貢献をしていた場合をい
　　　　うのですね（図表 11）。

バニー：そのとおりです！　特別受益・寄与分がある場合の法定相
　　　　続分の計算ですが、相続財産に特別受益をプラス、寄与分を
　　　　マイナスしたものを法定相続分通りに分けます。そして、最
　　　　後に特別受益を受けている相続人の取り分から特別受益分を
　　　　引き、寄与分を受けている相続人の取り分に寄与分を加算し
　　　　ます（図表 13）。

みか　：特別受益・寄与分、それぞれのイメージは大体わかったけ
　　　　ど、どういうものが特別受益・寄与分にあたるかということ
　　　　は、細かく法律に決まっているんですか。

【特別受益と寄与分と認められるもの（図表11）】

特　別　受　益	寄　与　分
例）	例）
・長女だけが住宅取得資金の援助を受けた	・長男は父が経営する薬局で無報酬で働いた
・長男だけが私立の医学部に進学して、学費を払ってもらっていた	・次男は父の経営するお弁当屋の借金返済の肩代わりをした
・次男だけが多額の借金の肩代わりをしてもらった	・長女は自宅で認知症の母親を３年介護し、ヘルパー派遣費用を負担してきた
・遺言により、二女だけが特別な財産を取得した	・二女は認知症の父親の介護をして、年金などについても管理していた
・三女だけが生命保険金の受取人となっている	

バニー：残念ながら、決まっていません。相続人間で特別受益・寄与分を決めていくことになります。他の相続人が合意しなければ裁判所で決めることになります。

母　　：なんだか不平等をなくすのかもしれないけど、かえって面倒くさいわね、特別受益や寄与分の話を出したらキリがなくなりそうだわ。必ず特別受益や寄与分を考慮しなければならないのかしら。

バニー：いいえ、そんなことはないです。寄与分の算定方法は法律で決まっていませんし、相続人全員の合意があれば、特別受益について考慮しないで遺産分割をしても問題ありません。
　　　　その場合は、被相続人の死亡時の財産だけを対象に遺産分割します。

33

I とりあえずの相続贈与の基礎知識編

父　　：…なにか、腑に落ちない。相続税を計算するときはどうす
　　　　るんですか？　相続人全員の合意があったからといって、財
　　　　産に含めたり含めなかったりなんて。税法でも自由に決められ
　　　　れるんですか。

バニー：さすがご主人、いいところに気づかれました、税法では特
　　　　別受益や寄与分の考え方というのは一切ありません。強いて
　　　　いえば、亡くなる前3年以内の生前贈与を相続財産に加算
　　　　すること（「生前贈与加算」後述）と相続時精算課税の持ち
　　　　戻し（後述）でしょうか。

父　　：ということは、民法の特別受益は一生分、税法の特別受益
　　　　は3年分と考えていいですね。

バニー：そうですね。この特別受益や寄与分は民法がよりよい分割
　　　　を指南したもので、税金計算とは無関係ということを覚えて
　　　　おいてください。

【民法と税法の違い（図表12）】

	民法	税法
特別受益	原則全部考慮する	相続発生時3年以内に限り考慮する （相続時精算課税贈与分は全額考慮）
寄与分	原則全部考慮する	全く考慮しない

ココがまちがいやすい！

寄与分・特別受益は、法定相続分での分割の不公平感をなくす
制度。全員の同意があれば、考慮する必要はありません。

【特別受益、寄与分がある場合の法定相続分の計算（図表13）】

特別受益分がある場合

相続財産：1億円
相続人：妻、長男、長女
特別受益分：長男に2千万

【ステップ1】

特別受益分を加算した相続財産を法定相続分通りに分ける

1億 + 2,000万(特別受益分)
　　　　　 = 1億2,000万円

妻：
1億2,000万 × 1/2 = 6,000万円

長男：
1億2,000万 × 1/2 × 1/2
　　　　　 = 3,000万円

長女：
1億2,000万 × 1/2 × 1/2
　　　　　 = 3,000万円

【ステップ2】

長男から特別受益分を差し引く

妻の相続分：
　6,000万円

長男の相続分：
　3,000万 - 2,000万 = 1,000万円

長女の相続分：
　3,000万円

特別受益

寄与分がある場合

相続財産：1億円
相続人：妻、長男、長女
寄与分：長男に2千万円

【ステップ1】

相続財産から寄与分を引いた分を法定相続分通りに分ける

1億 - 2,000万(寄与分)
　　　　　 = 8,000万円

妻：
8,000万 × 1/2　　 = 4,000万円

長男：
8,000万 × 1/2 × 1/2
　　　　　 = 2,000万円

長女：
8,000万 × 1/2 × 1/2 = 2,000万円

【ステップ2】

長男に寄与分を加算する

妻の相続分：
　4,000万円

寄与分

長男の相続分：
　2,000万 + 2,000万　 = 4,000万円

長女の相続分：
　2,000万円

Ⅰ　とりあえずの相続贈与の基礎知識編

6　贈与ってなに

●●●

バニー：今度は、ガラっと話を変えて、「贈与」の話をします。そもそも「贈与」とは、自分の財産を無償で相手に「あげます」という意思を示し、相手が「もらいます」と受諾することによって成り立つ契約です。財産をあげる人を「贈与者」、もらう人を「受贈者」といいます。贈与契約は、書面によるほか、口頭でも有効とされていますが、書面によらない贈与については、約束が履行されるまでは、各当事者が取り消すことができる（無償の財産の提供であるため、強い拘束力がない）とされています。そこで、書面による贈与は、その契約効力発生の日（契約日）、書面によらない贈与については、その履行の日に贈与があったものと取り扱われます。

みか　：なるほど、贈与は契約なのね。

バニー：そうです。元気な内に行うのが「生前贈与」、元気な内に契約して死亡後に効力が発生する「死因贈与」などというのがあります。それから、贈与とは少し違いますが「死因贈与」と同じような効果がある「遺贈」というのもあります。遺贈は遺言により特定の人（団体等）に財産をあげるものですね。

みか　：もうわかんない。

バニー：ここで問題です。「相続」には相続税がかかりますね。「贈与」や「遺贈」にはどんな税金がかかりますか。

母　　：贈与税でいいのよね。

バニー：半分はずれ。贈与税がかかるのは、贈与する人が生きている間になされる「生前贈与」だけです。他の「死因贈与」「遺贈」は相続税がかかります。「死因贈与」は「自分が死んだ

36

【遺贈と死因贈与（図表 14）】

	死因贈与	遺 贈
承諾の有無	贈与を受ける人の承諾が必要	受遺者の承諾は不要
効力の発生時期	契約と共に権利義務が発生贈与者の死亡の時、効力が確定する	遺言者の死亡の時
意思表示	契約なので、贈与者と受贈者の双方の意思表示	遺言者の一方的な意思表示
方法	贈与者の生前に、契約によって行う	遺言を使用
撤回	原則として撤回できる（遺贈の規定が準用）	効力が生じるまでは、遺言者は何回でも撤回できる
仮登記	可能	不可
登記	受贈者と贈与者の相続人全員で行う	遺言執行者を決めておけば、受遺者と遺言執行者とで行える
不動産取得税	課税される	
相続税	課税される	
贈与税	課税されない	
その他	受贈者に贈与の内容を知らせたい場合に利用できる	原則として他人に公開されないので、遺贈の内容を知られたくない場合に利用

　ら、○○をあげる」という契約。もう１つの「遺贈」は、遺言書で財産をあげることでした。

　遺贈は"契約"ではないですが、「自分が死んだら、○○をあげる」ことを遺言書で決めています。両者とも効果は「相

Ⅰ　とりあえずの相続贈与の基礎知識編

　　　　続」と同じなのです（図表 14）。

父　　　：理屈っぽいなあ。

バニー：では、ここで生前贈与、死因贈与、遺贈の特徴を説明しま
　　　　すね。①生前贈与は「自分が生きている間に、○○をあげる」
　　　　という契約です。これについては、Ⅳ対策編で数種の生前贈
　　　　与が出てきますので、詳細は後述します。

　　　　　②死因贈与は契約ですので、相手の「もらいます」という
　　　　受諾を必要とします。一番の特徴点は、不動産を死因贈与す
　　　　る場合は生前に「仮登記」ができることです。受贈者からす
　　　　れば、契約したとはいえ、実際に取得するまでは不安な状態
　　　　が続きます。仮登記まで済めば、普通は撤回されることはあ
　　　　まりないと思われるので、財産をもらう側にとっては、財産
　　　　の権利の保全ができるメリットがあります。しかも、契約な
　　　　ので、事前に自分がもらえることがわかりますし。

父　　　：死因贈与！　生前にもらえることが知れるなんていいじゃ
　　　　ない。

バニー：ところが、いいことばかりじゃないんです。死因贈与によっ
　　　　て取得した財産は「不動産取得税」という税金がかかります。
　　　　　また、本登記の際には、相続人全員で登記を行う必要があ
　　　　ります。③遺贈は、遺言という一方的な意思によって財産を
　　　　あげることなので、相手の受託は不要です。原則として公開
　　　　されないので、財産をもらう側は知りません。しかし、不動
　　　　産取得税はかかりませんし、本登記も相続人全員で行う必要
　　　　はありません。

母　　　：なんだかこれだけ聞くと「生前贈与」より「死因贈与」や
　　　　「遺贈」のほうがいいやり方のような気がするわ。だって、
　　　　贈与税は、相続税より高いのよね。だったら、生前に贈与し

て高い税金払うよりも、亡くなるのを待って、比較的安い相続税を払うほうがいいんじゃない？

バニー：そうですね、払う税金で比較対象するというのも考えの1つです。

　　　　しかし、「死因贈与」と「遺贈」は「生前贈与」と比較して、圧倒的なデメリットがあります。それは「撤回」です。死因贈与は契約なので、気が変わって「撤回」される可能性があり、また遺言書は何度でも書き換えが可能だからです。もっとも「贈与税」が「相続税」より高いとはかぎりませんが。

みか　：そうかあ、「生前贈与」はすぐに自分のものになるので、確実ってことか。

バニー：これらはいずれも無償で財産を譲る方法で、相手方は相続人となる方に限られません。一概にどれが有利かを判断することは難しく、子供等に住宅資金を贈与する場合や早く財産をもらいたい場合は生前贈与、税金を抑えたい場合は遺贈など、どの種類の贈与を使うのが望ましいか、使い分けてくださいね。

全員　：わかりました。

ココがまちがいやすい！

自分の財産を特定の相手に譲り渡す方法は「生前贈与」・「死因贈与」・「遺贈」の3つあります。どの方法が一番望ましいかは、ケースバイケースであり、簡単に決めてはいけません。

手続は複雑か、税金（相続税・贈与税・不動産取得税・登録免許税など）はどの位かかるか、権利の移転は確実か、それとも撤回の可能性があるか等、色々な面から判断する必要があります！

I　とりあえずの相続贈与の基礎知識編

相続の背景　「時代の変化」ともに

　少子超高齢化、離婚増加、独居老人、介護問題、低所得時代…等、さまざまな社会問題が、相続を複雑にする要因となってきています。

　財産の有無に関係なく、すべてのご家庭で、対策を講じなくてはならない時代に突入したのです。対策を行っていないご家庭では、「争族」になってしまうケースも年々増えています。

　なぜ、争族が増えているのでしょうか。それは、ひとことで言いますと「時代の変化」です。

　昭和22年までの旧民法では、「第一子（主に長男）がすべてを相続する」という家督相続でした。その名残りが非常に根強く、現在に至っているのです。ご存じの通り、新民法では兄弟平等に分けることになります。相続させる「親」側は旧民法で育ち、相続を受ける「子」側は、新民法で育っています。この当たりの考え方の違いも大きく影響しています。また、実家や土地を守っている人、介護に奮闘されている人がいらっしゃる一方で、他の兄弟は「実家の不動産は自分達はもらえない。事情は関係なく、平等に分けよう」と、主張します。どちらもそれなりの言い分がありますので、兄弟完全平等というのも難しいところです。

　「時代の変化」は、ご家族の中だけのことではありません。

　昔は持っていれば価値のあった不動産ですが、今ではどうでしょう。土地の価格は、バブル時の半分以下になってしまいました。不動産は二極化が進み、条件の良い土地だけに人気が集中しています。その他の土地は、所有すること自体も重荷になっているご家庭が多く見受けられます。「土地が資産ではなくなる時代」に突入したのです。

　このように、「時代の変化」ともに、相続の背景が変わってきています。この変化に対応することが、真の相続対策なのです。

II まずはどうする?!
相続手続編

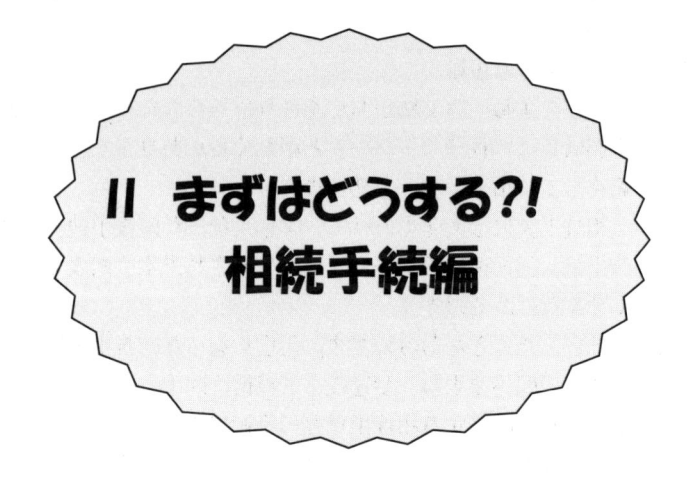

Ⅱ　まずはどうする?!　相続手続編

母　　　：「相続」がどんなものなのか大体わかったけど、仮にお父
　　　　　さんが死んだらまずなにをどうするのかしら。葬儀屋さんに
　　　　　連絡?!

父　　　：…ちょっと複雑

バニー：そうですね、お父様がお亡くなりになられた後、残された
　　　　　家族はしなければならないことがたくさんあります。これら
　　　　　総称して「相続手続」と呼びます。

　　　　　　相続手続には大きく分けて、①亡くなった直後手続、②法
　　　　　的手続、③税務関係手続の3つに分類されます（図表15）。

みか　　：そんなにあるの！

バニー：はい、たくさんあるのです。①亡くなった直後手続は、ま
　　　　　ずご葬儀関係ですね。お通夜、ご葬儀、四十九日、納骨等で
　　　　　す。それに関係する届け出などの手続です。

母　　　：これは大体知ってるかなあ、お義父さんが亡くなったとき
　　　　　に経験しているから。

バニー：②法的手続は、さらに4つの手続に分かれます。

　　　　　　1）基本手続、2）名義変更手続、3）各種受給申請手続、4）
　　　　　各種返却・解約手続です。具体的には相続人の確認、遺言書
　　　　　の存在の確認、遺言書がなければ遺産分割協議書の作成、相
　　　　　続放棄の申立等があります。

母　　　：盛り沢山ですね…大変そう。

バニー：順を追って説明しますので大丈夫です。

　　　　　　最後の③税務関係手続は、皆さんが一番気になっていらっ
　　　　　しゃる相続税の申告・納税、準確定申告（故人の最後の確定
　　　　　申告）・納税等です。相続税の納税手続には、納税資金をつ
　　　　　くるために不動産の売却も考えなければならない場合があり
　　　　　ますので、それをスケジュールすることも大切です。

父　　：相続税の申告は、その他の手続が全て終わったら始めるの
　　　　ですか。「相続」の集大成っていう位置づけになりますか。

バニー：いいえ、並行して進めます。名義書換の前に相続税の申告
　　　　が終わる場合もありますし、逆もあります。

みか　：へー。直後手続はもちろんだけど、法的手続が全て終わっ
　　　　てから、最後に申告書を作成するのだと思ってた。

バニー：違うのですよ。法的手続の中には早く済むものもあります
　　　　が、金融機関の名義変更手続は、提出する書類が多く、少し
　　　　でも不備があると受け付けてくれませんので、かなり時間が
　　　　かかります。

　　　　　戸籍謄本の取り寄せから始めれば、2ヶ月〜3ヶ月かかっ
　　　　てしまったなんて話もよく聞きます。

　　　　　また、①〜③のそれぞれは、期限が設けられているものも
　　　　あります。

　　　　　相続手続のポイントは、繰り返しになりますが、「同時並
　　　　行」して、進めることです。

Ⅱ　まずはどうする?!　相続手続編

【相続手続フロチャート（図表15)】

	死亡時より7日以内	死亡時より3ヶ月以内
1.直後手続	・医師に死亡診断書の依頼 ・死亡届提出 ・葬儀社手配 ・通夜・葬式 ・初七日法要	・四十九日法要 ・形見分け
2.法的手続 　①基本手続 　②名義変更手続 　③各種受給申請 　　　　　手続 　④各種返却・解約 　　　　　手続	・法定相続人の確定 ・・・・・・・・・・・・▶ ・相続財産と債務の洗い出し・・・・▶ ・遺言書の存在の確認 ・・・・・・・▶ 　　・遺産分割協議 ・・・▶ 　・相続放棄・限定承認申立 ━━━▶ 　・遺留分減殺請求 ━━━ 　　　　・各種財産名義変更 ・生命保険金の請求 ━━━━ ・未支給年金、遺族年金の請求 ━━ ・自治体,社会保険事務所に葬祭費の請求 　・健康保険証の返還 ・・・・・・・▶	
3.税金関係手続	・準確定申告書作成 ━━━━━ ・相続税の有無 ━━━━━━━▶ 　　・相続税申告書作成 ・領収書の準備、残高証明書の発行 　　・納税資金の準備	

死亡時より4ヶ月以内	死亡時より10ヶ月以内	死亡時より1年以内
		・一周忌法要
		すみやかに
（不動産登記、銀行・有価証券・その他動産）		すみやかに
		3年以内
		5年以内
		2年以内
すみやかに		

45

Ⅱ　まずはどうする?!　相続手続編

1　亡くなった直後の手続は

●●●

バニー：被相続人が亡くなると、まず死亡を確認します。病院であ
　　　　れば、医師の指示通りに動けば問題はありません。担当医師
　　　　は死亡確認後、「死亡診断書」を書いてくれます。死亡診断
　　　　書は、後から死亡保険金を請求するときなどに必要になる場
　　　　合もあるので、複数枚依頼をするとよいと思います。

父　　：家で死んだときはどうするのですか!?

バニー：ご自宅でお亡くなりになったときには、2通りのケースが
　　　　あります。
　　　　　1つ目のケースはかかりつけの病院がある場合、つまり何
　　　　らかの病気の治療をしていて通院、もしくは一旦退院してい
　　　　た場合です。これは、かかりつけの医師に連絡して、119番
　　　　通報して病院に搬送してもらい、医師に死亡を確認してもら
　　　　います。
　　　　　もう1つのケースは、通院していなかった場合です。これ
　　　　は110番通報して警察を呼びます（図表16）。

父母　：警察!?

バニー：そうです。大事なことは警察の調査が終わるまで、遺体を
　　　　動かしてはいけません。警察で死因を特定できたら、警察は
　　　　「死亡検案書（死亡診断書と似たもの）」を出してくれます。
　　　　　同じように自宅や葬儀場にご遺体を搬送してもらい、ご葬
　　　　儀の準備となります。

みか　：えーっ、遺体を絶対に動かしてはいけないなんて、知らな
　　　　かった。お風呂場とかで倒れてたら、かわいそうだから、ベッ
　　　　トに寝かしちゃうかも。

46

【もしも亡くなったら…（図表16）】

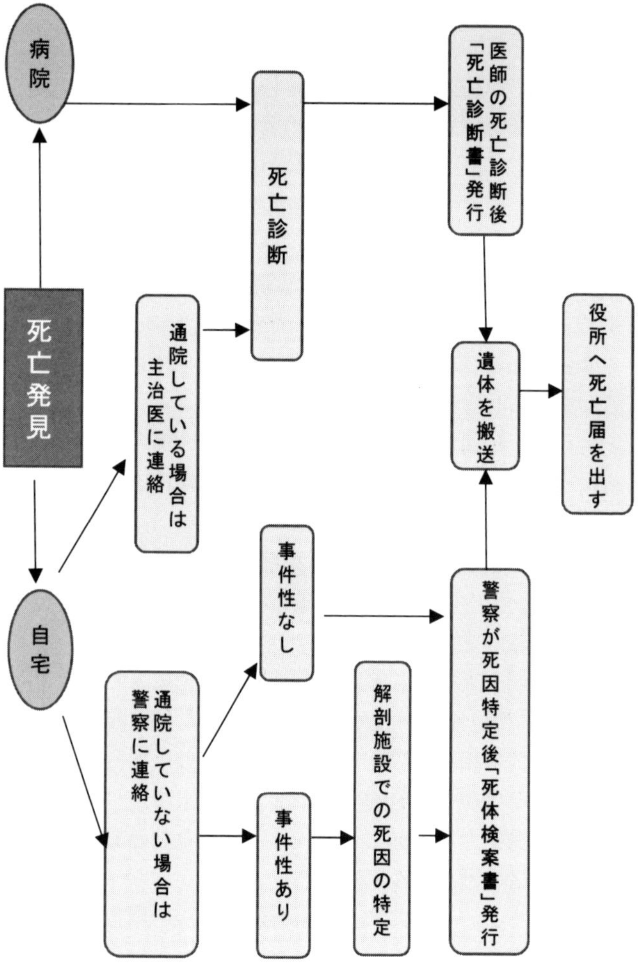

病院 → 死亡診断 → 医師の死亡診断後「死亡診断書」発行

死亡発見 → 病院

死亡発見 → 通院している場合は主治医に連絡 → 死亡診断

死亡発見 → 自宅

自宅 → 通院していない場合は警察に連絡

通院していない場合は警察に連絡 → 事件性なし → 警察が死因特定後「死体検案書」発行

通院していない場合は警察に連絡 → 事件性あり → 解剖施設での死因の特定 → 警察が死因特定後「死体検案書」発行

医師の死亡診断後「死亡診断書」発行 → 遺体を搬送

警察が死因特定後「死体検案書」発行 → 遺体を搬送

遺体を搬送 → 役所へ死亡届を出す

47

Ⅱ　まずはどうする?!　相続手続編

バニー：気を付けてください。ご遺体をしかるべきところに安置し
　　　　たら、お亡くなりになった日から 7 日以内に、市区町村に「死
　　　　亡届（死亡診断書と一緒になっている）」を提出します（図
　　　　表 17）。そして、死亡届と同時に火葬・埋葬許可申請書を提
　　　　出し、これによって、「火葬・埋葬の許可書」が発行されます。

みか　：「火葬・埋葬の許可書」がないと、火葬できないのね。

バニー：火葬が終わると、許可書に火葬済み証印を押してくれます。
　　　　　これが、埋葬の際に必要な埋葬許可書になります。これを
　　　　納骨の際に、墓地等へ渡します。それと、ちょっと細かいお
　　　　話になりますが、その世帯に 15 歳以上の人が 2 人以上存在
　　　　するときは、お亡くなりになった日から 14 日以内に「世帯
　　　　主変更届出書」を市区町村に提出して、今後誰が世帯主にな
　　　　るかを知らせる必要があります。
　　　　　さらに、配偶者の死亡後旧姓に戻りたい場合には、市区町
　　　　村に「復氏届」を提出します。配偶者の死亡後配偶者の親族
　　　　と縁を切りたい場合には、やはり市区町村に「婚姻関係終了
　　　　届」を提出します。これらには期限はありません。

母　　：ふーっ。色々な届出書があるのね。めんどうくさいわ。

バニー：沢山あるので、チェックリスト等をつけられるといいです
　　　　よね。あと、大事なこと。金融機関に被相続人の死亡を知ら
　　　　せたり、「死亡届」を役所に提出した後、金融機関がなんら
　　　　かの経緯で被相続人の死亡を知ってしまった場合は、被相続
　　　　人の預貯金は凍結され引出し不能となります。

父　　：では、凍結される前に葬儀代など必要なお金を引出してお
　　　　かなくてはいけませんよね。

バニー：そうですね。手許にまとまったお金がない場合には、支払
　　　　いの際に慌てないように事前に被相続人の預貯金を引き出す

のも止むを得ません。ただし、相続放棄や限定承認の検討が
必要な場合は注意してください。葬式代や入院費等の相当金
額であれば問題ありませんが、必要以上の預貯金の引き出し
は相続財産の一部を処分したとされ、相続を単純承認したも
のとみなされてしまいます。

みか　：そうすると、限定承認もしくは相続放棄ができなくなって
しまうのよね。

バニー：覚えていてくれたのですね、ありがとうございます。

【直後手続（図表17）】

項目	届出先	必要書類	期限等
死亡届	市区町村	死亡診断書 （死亡検案書）	死亡日から 7日以内
火葬・埋葬許可申請書	市区町村	死亡届	死亡日から 7日以内
世帯主の変更届出書	市区町村	国民健康保険書	死亡日から 14日以内
復氏届	市区町村	戸籍謄本 印鑑　他	―
姻族関係終了届	市区町村	戸籍謄本 印鑑　他	―

ココがまちがいやすい！

・ご家族が病院ではなくご自宅で亡くなったら、警察に連絡します。
　その際には、ご遺体は絶対に動かしてはいけません‼

・ご家族の死亡が金融機関に知れたら、亡くなった方の口座が凍結
　されて、お金の引き出しは原則できなくなってしまいます。
　やむをえなく、お金を引き出す場合は、必要な額までにとどめて
　おかねばなりません。

Ⅱ　まずはどうする⁈　相続手続編

2　法的な手続はどうすればいい？

・・・・・・・・・・・・・・・・・・・・・・・・・・・・・・・・・・・・・・

バニー：「相続」の最終ゴールは、誰がどの遺産をどのように引き
　　　　継ぐかを決め、決められた通りに遺産を、形式的（名義変更）
　　　　にも実質的（引き渡し）にも引き継ぐ人のものにすることで
　　　　す。そのために、お亡くなりになって死亡届を出した後から、
　　　　着々と手続を進めていかねばなりません（図表18）。

父　　：まずは、被相続人の財産や権利義務を洗い出すことかな。

バニー：そのとおりです！　相続が発生すると、相続人は、財産の
　　　　権利義務を包括的に受け継ぐと以前に説明しました。

母，みか：覚えてます。目に見える財産だけではなく、保証人とし
　　　　ての地位や、売主の地位・貸主の地位などの契約上の地位も
　　　　引き継ぐんですよね。じゃあ、財産だけではなく、「契約書」
　　　　の調査も必要ね。

バニー：そうです、そうです。ただし、契約といっても引き継がな
　　　　い契約もありますからね。例えば、代理人契約や雇用契約は
　　　　被相続人の地位を引き継ぎません。

父　　：被相続人に固有の一身上の身分的なものは引き継がないの
　　　　か。まあ、考えたらあたりまえって感じかな。

バニー：そうですね。次に、誰が相続人に該当するかを戸籍などか
　　　　ら確定する必要があります。

母　　：大事な作業ね、誰に財産をもらう権利があるかわからなかっ
　　　　たら、進まないですものね。

みか　：遺言書の存在も確認しなくちゃ。

バニー：遺言書の確認はもっとも大事な手続です。公正証書遺言以
　　　　外の遺言書の場合は「検認」の手続も必要ですし。

50

【①基本手続（図表18）】

項　目	届 出 先	期 限 等
相続財産と債務の洗い出し	－	－
法定相続人の確定	－	－
遺言書の存在の確認	－	－
遺言書の検認 （公正証書遺言以外の遺言書の場合）	家庭裁判所	－
遺産分割協議 （遺言書がある場合は不要）	－	－
相続放棄・限定承認	家庭裁判所	死亡日から 3ヶ月以内
遺留分減殺請求	家庭裁判所 もしくは遺留分を 侵害している人	死亡日から 1年以内

　　　ここまでの作業を亡くなってから3ヶ月以内に終了させます。また、遺言書がない場合の遺産分割協議は特に期限はないですが、税法の軽減特例の関係で早めに終わらせることが望ましいですと前に説明しました。

母,みか：短い期間なのに、やることがたくさんあって大変！

バニー：はい。相続放棄・限定承認の手続は、亡くなってから、3ヶ月以内が期限だからです。その前に受け継ぐ財産の全貌と相続人が誰かを把握して、単純承認か相続放棄か限定承認かを選択します。ただし、この期間内にやむを得ない理由があり、いずれを選択するか決定できない場合は、家庭裁判所に申し立てをし、更に3ヶ月の期間の延長をしてもらうことができます。

父　　　：そうですか。少し安心しました。

　　　　それで、誰がどの財産をどのように取得するか決まったあ

Ⅱ　まずはどうする?!　相続手続編

【②名義変更手続（図表19）】

項　目	手続内容	届出先	必　要　書　類	期限等
土地・建物	所有権 移転登記	法務局	被相続人の戸籍謄本 （出生～死亡まで） 相続人の戸籍謄本・住民票 印鑑証明書 遺言書か遺産分割協議書 固定資産評価証明書 （司法書士に対する）委任状 他	－
借地権・ 賃借権	契約者変更	不動産屋	賃貸借契約書　他	－
預貯金	名義変更	金融機関	被相続人の戸籍謄本 （出生～死亡まで） 相続人の戸籍謄本 印鑑証明書 遺言書か遺産分割協議書 被相続人名義預貯金の 通帳・届出印　他	－
株式	名義変更	証券会社	被相続人の戸籍謄本 （出生～死亡まで） 相続人の戸籍謄本 印鑑証明書 遺言書か遺産分割協議書 他	－
自動車	名義変更	陸運局	保険証書 被相続人の除籍謄本 相続人の戸籍謄本 印鑑証明書 遺言書か遺産分割協議書 他	－
生命保険契約 損害保険契約	名義変更	保険会社	保険証書 被相続人の除籍謄本 相続人の戸籍謄本 印鑑証明書 死亡診断書　他	－
ローン	名義変更	金融機関	被相続人の除籍謄本 相続人の戸籍謄本 印鑑証明書 遺言書か遺産分割協議書 他	－

とは、そのとおりに、各相続人に財産を移す作業か。

バニー：はいそうです。いわゆる「名義変更」の手続です。財産の
　　種類によって手続方法がバラバラなので、一覧表（図表 19）
　　にまとめました。定期預金や株式などの金融商品の名義変更
　　は、解約して換金してもらう方法以外にも、その金融商品の
　　まま引き継ぐことも選ぶことができます。

　　　不動産の名義変更（相続登記）は相続人の義務ではありま
　　せん。不動産謄本を見ると、何年も前になくなったおじいさ
　　んの名義になったままだということはよくあります。

　　　しかし、相続が発生しましたら、すみやかに相続登記され

【③各種受給手続（図表 20）】

項 目	手続内容	届 出 先	必 要 書 類	期 限 等
国民健康保険 （後期高齢者 医療保険）	葬祭費の 支給申請	市町村役場 国民健康 保険課	保険証・印鑑・振込先 他	葬儀日から 2年以内
	高額医療 請求		保険証・印鑑・振込先 医療費領収書 他	医療費支払日 から2年以内
国民年金	未支給年金 寡婦年金 遺族基礎年金 受給手続き	市町村役場 年金課	被相続人の年金手帳 死亡診断書コピー 戸籍謄本・住民票 印鑑 他	死亡日から 5年以内
厚生年金	未支給年金 遺族基礎年金 遺族厚生年金 受給手続き	年金事務所	被相続人の年金手帳 死亡診断書コピー 戸籍謄本・住民票 印鑑 他	死亡日から 5年以内
死亡保険金	支払請求	各保険会社	保険証書 被相続人の除籍謄本 死亡診断書 受取人の戸籍謄本・ 死亡保険金請求書 受取人印鑑等 他	死亡日から 3年以内

Ⅱ　まずはどうする?!　相続手続編

【④各種返却・解約手続（図表21）】

項　目	手続内容	届 出 先	必 要 書 類	期 限 等
国民健康保険	国民健康保険の停止	市町村役場 国民健康 保険課	世帯全員の国民健康保険証	死亡日から 14日以内
国民年金	国民年金の停止	市町村役場 年金課	年金受給権者死亡届 年金証書 年金受給者の除籍謄本	死亡日から 14日以内
印鑑登録 カード	返却	市町村役場	カード	－
世帯主変更届		市町村役場 戸籍課	印鑑　他	死亡日から 14日以内
NHK	名義変更 停止	NHK	お客様番号を調べ、 電話・webなどで申請	－
東京電力		東京電力		
ガス		ガス会社		
水道		市町村役場		
電話（NTT）		NTT	被相続人の除籍謄本 相続人の戸籍謄本　他	
携帯電話		携帯電話 会社	携帯電話　他	
クレジットカード	解約	各カード会社	各カード会社によって 異なる	－
自動車免許証	返却	公安委員会	免許証 死亡診断書のコピー 印鑑　他	－
各種免許証	返却		調理師免許等	－

　ることをおすすめします。なぜなら、名義変更しないと相続人が不動産を売却することや、不動産を担保にお金を借りることもできません。

　相続登記は、相続人全員が協力して手続をしますので、放

置すると現相続人が亡くなって、相続人がどんどん増えてしまい、その中には行方不明の人、認知症の人、相続手続に協力してくれない人などが出てきて、売買等いざというときに大変な思いをする恐れがあります。

　　また、賃貸契約や借地契約は、相続による契約者名の変更は義務ではない場合もありますが、やっておいたほうが安心です。

みか　：生命保険金の受給手続もはじめないといけませんね。

バニー：生命保険金だけでなく、各種保険制度からの受給金申請は期限があります。それぞれの期限を把握して、申請手続を終わらせる必要があります（図表20）。

　　また、被相続人の加入していた健康保険の脱退手続、光熱費・クレジットカードの解約等の返却手続もすみやかに行ってくださいね（図表21）。

ココがまちがいやすい！

・財産だけでなく契約の地位も引き継ぐので、契約関係も洗い出す必要があります（ただし、代理人契約の様に引き継がない契約もあります）。

・相続登記による名義変更には期限はありません、義務でもありません。言ってしまえば気が向いたときにやるようにしても構いません。しかし、名義変更を放置することによる様々デメリットや相続問題が存在しますので、すみやかに相続登記することをおすすめします！

・各種受給手続は期限があります。忘れずに！

55

II　まずはどうする?!　相続手続編

3　税金関係の手続は

バニー：最後に税金関係の手続を説明しますね（図表22）。まず、
　　　　被相続人の最後の確定申告（所得税・消費税）を行います（「準
　　　　確定申告」といいます）。期限は、相続開始を知った日の翌
　　　　日から4ヶ月以内です。被相続人の住所地の管轄の税務署へ、
　　　　相続人全員で提出をし、納税をすることになります。

母　　：4ヶ月以内！　短いわね。

バニー：そうですね。ただ、納税の場合は4ヶ月以内ですが、還
　　　　付金をもらうための申告（「還付申告」）の場合は通常の確定
　　　　申告と同様、5年以内に申告すれば還付金を受けられます。
　　　　　ただ、この還付金は相続財産となり、相続税がかかります
　　　　ので、早めに申告してくださいね。

みか　：還付金も、相続財産！　ということは逆に納税額は債務に
　　　　なって、相続財産からマイナスできるのよね。

バニー：正解です。また、「相続」は亡くなった人の一切の財産・
　　　　権利義務を受け継ぎますが、受け継がないものもあると説明
　　　　しました。
　　　　　被相続人が青色申告者であった場合、その事業を承継した
　　　　相続人は、青色申告者としての地位を引き継ぐことはできま
　　　　せん。「青色申告承認申請書」提出をすることによって、相
　　　　続人は新たにその地位を得なければなりません。
　　　　　この他にも被相続人が事業をやっていて相続人が引き継ぐ
　　　　場合は、所得税・消費税等に関する届出書を数種提出する必
　　　　要があります。

母　　：沢山あるのね。期限があるものと、"すみやか"でOKな

【税金関係手続 (図表 22)】

項　目	納税義務者 提出義務者	届出先	期限等
所得税確定申告(準確定) 消費税確定申告(準確定)	相続人	被相続人の 納税地を所轄 する税務署	相続開始を知った日の 翌日から4ヶ月以内
個人事業者の死亡届	相続人	被相続人の 納税地を所轄 する税務署	速やかに
個人事業の廃業(開業)届出書	相続人	被相続人の 納税地を所轄 する税務署	事実があった日 から1ヶ月以内
所得税の青色申告承認申請書	相続人	相続人の 納税地を所轄 する税務署	準確定申告書の提出 期限(死亡後4ヶ月以 内)と青色申告の承認 があったものとみなさ れる日とのいずれか 早い日まで
青色事業専従者給与に 関する届出書	相続人	相続人の 納税地を所轄 する税務署	相続開始日または専 従者がいることとなっ た日　から2ヶ月以内
消費税課税事業者届出書 相続があったことにより課税 　事業者となる場合の付表	相続人	相続人の 納税地を所轄 する税務署	速やかに
消費税簡易課税制度選択 　　　　　　届出書	相続人	相続人の 納税地を所轄 する税務署	その相続のあった年か ら簡易課税制度を適用 しようとする場合には、 その相続のあった年の 12月31日まで
相続税申告書	相続人	被相続人の 納税地を所轄 する税務署	相続開始を知った日の 翌日から10ヶ月以内
延納・物納申請	相続人	被相続人の 納税地を所轄 する税務署	相続開始を知った日の 翌日から10ヶ月以内
相続物件売却募集	相続人	－	速やかに
遺産分割協議 (相続税の軽減特例を受ける場合)	相続人	－	相続税申告期限まで (最低でも、申告期限後3年 以内まで)

Ⅱ　まずはどうする ?!　相続手続編

ものがあるから注意が必要ねえ。

バニー：相続税は、相続開始を知った日の翌日から 10 ヶ月以内に
　　　　遺産を取得した相続人全員が相続税の申告をしなければなり
　　　　ません。原則は相続人が各々申告書を提出することになりま
　　　　すが、実務上は 1 枚の申告書を連名で、被相続人の住居地
　　　　の税務署へ提出します。

　　　　　ここで注意。期限内に申告書を提出していればいいのです
　　　　が、提出しなかった（つまり税務署から指摘された）、もし
　　　　くは提出したけど、相続税額計算が違っていてその金額が少
　　　　なかった場合はそれぞれ「無申告加算税」、「過少申告加算税」
　　　　というペナルティーが取られてしまいます（図表 23）。

みか　：納税も 10 ヶ月以内よね？

バニー：そうです。現金一括で 10 ヶ月以内に納めないといけませ
　　　　ん。相続税を納付期限までに納付しなかった場合は、別途
　　　　「延滞税」が課税されてしまいます。

　　　　　平成 27 年中の延滞税は 9.1 %（2.8 %）ですが、相続税は
　　　　本税が大きい金額なので、なんとしても期限内に納めたいも
　　　　のです。

母　　：ペナルティーばっかり。

父　　：それでも、相続税の金額が大きすぎて払えなかったらどう
　　　　するんだ !?

バニー：「延納」（相続税を分納する方法）や、「物納」（不動産など
　　　　の相続財産で納付する方法）もあります。選択する場合は、
　　　　10 ヶ月までにそれぞれの方法の許可を受けなければなりま
　　　　せん（延納、物納の詳細は後述）。

母　　：ひとまず安心しました。けど、10 ヶ月以内に許可を得る
　　　　必要があるのね。うかうかしてられないわね。

58

【ペナルティー（図表 23）】

	ペナルティーがかかる場合	割合
延滞税	納期限を過ぎて納付した場合	2.8%（H27年）※ （2ヶ月超は9.1%）
過少申告 加算税	期限内に確定申告をしたが、その後に 修正申告や更生によって追加の税金が 発生した場合	10%
無申告 加算税	申告せずにいたが、税務調査前に 自主的に申告した場合	5%
	申告せずにいたが、税務調査後に 申告した場合	50万円まで15% 20万円まで　5%
重加算税	申告したが、事実を仮装隠ぺいした場合	35%
	申告せずに事実を仮装隠ぺいした場合	40%

※H26年1月1日以後の期間は、年「7.3%」と「特例基準割合+1%」の
　いずれか低い割合。

バニー：そうですね、「物納」だけではなく、相続で取得した不動
　　　　産を売却して納税資金を確保することも検討されると思うの
　　　　で、売出募集も早めになさってください。
　　　　　「取得費加算の特例（相続財産を譲渡した場合、原価（取
　　　　得費）に相続税額の一部を上乗せできる特例）」は、その譲
　　　　渡が相続税の申告期限から3年以内に行われたときだけに限
　　　　られています。
みか　：そんな軽減特例があったのね、3年以内に売却するってこ
　　　　とね。
バニー：あとは、相続税の軽減特例の適用（「配偶者の税額軽減」）
　　　　や「小規模宅地等の評価減」（詳細は後述））は、遺産分割協

Ⅱ　まずはどうする?!　相続手続編

議が整っていることが適用要件となっているため、申告期限
までに協議が整っていない場合には適用ができない内容の申
告となります。

　その後、申告期限後3年以内に協議が整えば、そのとき
に特例を適用して申告をし直すことができます。

ココがまちがいやすい！

・被相続人の事業を相続しても、所得税・消費税に関する地位は受
　け継がないものもあります。
・申告の準備だけではなく、納税資金の準備も忘れずに！
・遺産分割協議に期限はありませんが、相続税の軽減特例を受けら
　れなくなるので、遅くとも申告期限後3年以内には済ませる必要
　があります。（当初申告時に「申告期限後3年以内の分割見込書」
　の添付が必要）。
　もちろん当初の相続税申告に間に合うことがベストです。

Ⅲ 一番気になる！
税金編

Ⅲ　一番気になる！　税金編

バニー：お待たせしました。税金のお話です。

父　　：待ってました！　一番の心配事です。どのくらいの相続税がかかるのかな。母さんや子供たちは税金払えるのかな。本当に心配。

母、みか：ありがとう…（涙）

バニー：基本的に相続税の規定は民法をベースにしていますが、それだけだと不都合が生じてしまうので、税法独自の規定が設けられているということは前述しました。繰り返しですが「相続」とは人が亡くなったときに受け継ぐ財産全てが、税金の対象になるわけではありません。また逆に、本当は相続財産ではないのだけど、税金を計算する上で相続財産とみなしましょうなんていうものもあります。しつこいですが、実際に受け継ぐ財産（民法上の財産）と税金がかかる財産（税法上の財産）は同じではないということです。

父　　：なるほどね。基礎知識編でも、相続人や養子の考え方は、本来の意義（民法）と、税金を公平に課税するために税法で別途もうけられた意義（税法）は違うと説明をして頂いたけど、同じことですね。

バニー：その通りです。税法はあくまで望ましい税金計算をするための法律なのです。目的が違うのです。従いまして、この章では税法のお話を中心にさせいただきます。

　　　　まず、相続税がかかる財産の範囲と、それぞれの財産はどのように評価するかを説明します。そして、相続財産からは借金などのマイナスの財産を差し引けますからそのお話と、最終的に相続税の計算方法を事例を使って説明しますね。

みか　：計算、計算、計算ね。

バニー：そうですね、計算だけだと難しいので、なるべく言葉でイ

メージをお伝えしていこうと思います。

父　　　：あの…どうやって支払うかの説明は？

バニー：納税方法ですね。もちろんします。相続税は申告と共に、現金で一括して 10 ヶ月以内に納めなくてはならないことを前述しました。もし、それに遅れると、さまざまなペナルティーがつきましたよね。また、現金一括が難しいときに、分納していく「延納」、不動産や金融商品で納付する「物納」のお話も詳しくさせていただきます。

　　　　あと、相続税と切っては切り離せない贈与税の計算方法・申告納税についても触れます。

全員　　：よろしくお願いいたします。

Ⅲ　一番気になる！　税金編

1　相続税がかかる財産はどれとどれ

∙∙

みか　　：相続とはお父さんの財産・権利義務を全部受け継ぐこと。相続税はお父さんの財産のどこまでかかるのかしら。金目のものだけかな。例えば不動産、預金、株式、ゴルフ会員権、家財、あと趣味の悪い絵画とか。

バニー：他にも貸付金、特許権、著作権、事故などに巻き込まれて慰謝料が下りる場合の慰謝料請求権等も相続税がかかります。
　　　　みかさんが考えるとおり、この承継する財産全てが相続税の対象ではありません。家を借りている権利＝「借家権」はは財産ですが、ゼロ評価ですので、実質上相続税はかかりません。国民感情・社会的見地等から、墓地・墓石・仏具や、相続税の申告期限までに国等に寄付した財産等にも相続税はかかりません（図表24）。

母　　　：お父さんが亡くなったときにもらえる生命保険金はどうかしら。契約上はお母さんが受取人になっているから、保険金は自動的にお母さんのものよね。けど、保険料はお父さんが払っているわ。やっぱり相続税がかかるのかしら。

バニー：正解です！　本来は契約上で指定されている受取人の方の固有の財産ですが、保険料負担が被相続人でありかつ死亡が原因で受取りができる生命保険金は、他の相続財産と経済的効果が変わらないので、「みなし相続財産」とよばれています。
　　　　ただ、遺族の生活保障という観点から、生命保険金は一定額を非課税としています。

父　　　：母さんやみかちゃんが契約している保険も、私が払っている。

バニー：その保険契約自体が相続財産となりますよ。保険料は旦那

64

様が負担しているのに、奥様やみかさんは満期や保険事故が
起きたら保険金を受け取れるからです。

父　　：私の金であることがポイントか。以前、ボーナス時に母さ
んやみかちゃん名義の定期預金をつくったんだけど、これは
相続財産になるの？

母,みか：えっ、知らなかった！　お父さんっ、ありがとう！

バニー：正解です！　それは「名義財産」と言われているものです。
預金でも保険契約でも、株でも、契約名（名義）は奥様やみ
かさんであっても、支払元はご主人なので、相続財産になり
ます。

父　　：じゃあ、その母さんやみかちゃん名義の定期預金を、お父
さんが「贈与」すれば、いいんじゃないか。そうしたら、お
父さんの財産じゃなくなるんだから相続税はかかんないだろ。

バニー：そうです！　「贈与」すればいいです。「贈与」を成立させ
るには、① 贈与契約書をつくる。② 贈与する金額が 110 万
円を超えるときは贈与税の申告する。③ ご主人とお子さん
の預貯金の印鑑は異なるものにする。④ 印鑑・通帳はお子
さんが管理する。⑤お子さんがいつでも使える状態である。
がポイントです。

　　　　ここで注意して欲しいのが、以前ちょっと触れました「生
前贈与加算」です。これはお亡くなりになる前 3 年以内に
行われた生前贈与は、贈与した財産にもかかわらず、相続財
産に含められ、相続税がかけられるというものです。これは
駆け込みで生前贈与して相続税を免れることを防止する趣旨
です。ですので、生前贈与加算の対象になるのは、相続人に
対する生前贈与だけとなります。

母,みか：きゃーっ、お父さん、急いで贈与してえ。

65

Ⅲ　一番気になる！　税金編

【相続税が課税される財産（代表的なもの）（図表 24）】

	種　類	細　目	相続税
被相続人から受け継ぐ財産（民法上の相続財産）	土地	宅地、田、畑、原野、雑種地等	相続税がかかる
	家屋	居宅、別荘	
	株式	上場株式等	
		取引相場のない株式	
	公社債	国債、利付公社債	
	投資信託		
	預貯金	当座預金・普通預金・定期預金等	
	貸付金		
	ゴルフ会員権		
	電話加入権		
	家財その他	家財・書画骨とう・貴金属・宝石等	
	契約上の地位（権利）	賃貸借契約での地位(権利)	
		売買契約での地位(権利)	
		保険契約での地位(権利)等	
	その他財産	還付金・保険料戻り・入院給付金等	
	名義財産	名義預金、名義有価証券	
		名義生命保険契約	
	非課税財産	墓地、墓石、仏具、位牌	相続税がかからない
		国等に対する寄付財産	
		障害者共済の給付金受給権等	

相続人に帰属している財産（被相続人の財産ではないもの）	みなし相続財産	死亡保険金（※1）	相続税がかかる
		死亡退職金（※1）	
		弔慰金（※2）	
		生命保険に関する権利	
		定期金に関する権利	
		信託に関する権利	
		遺言による財産の低額譲受けや債務免除による利益	
	生前贈与加算財産	暦年贈与によって相続開始前3年以内に贈与受けたもの	相続税がかかる
		相続時精算課税によって生前に贈与受けたもの	
	未支給の被相続人年金		相続税がかからない
	香典		
	各種保険制度見舞金		

※1　500万円×法定相続人の数まで非課税
※2　実質上、退職金に相当するもの

ココがまちがいやすい！

・引き継ぐ財産と相続税の対象はちがいます！

・いわゆる「名義財産」は相続税の対象となります！

・生前贈与加算は相続により財産を取得した人（相続人・受遺者）
　に対する贈与だけです！

Ⅲ　一番気になる！　税金編

2　相続財産の評価額はどうやって算出するの？

●●

バニー：相続税額を計算するには、まず対象となる相続財産にどれ
　　　　くらいの価値があるのか、その価額を算出しなければなりま
　　　　せん。この価額計算を「財産評価」、評価額を「相続税評価
　　　　額」といいます。

みか　：評価方法は財産の種類によって違うのですか、相続人がも
　　　　らった時点での評価なのですか…。えーと、えーと。

バニー：「財産評価」の基本的な考え方は、"亡くなった時点での時価"
　　　　によって評価するということです。これは全財産共通です。

みか　：亡くなった時点の時価。時価ってなに??

バニー：簡単にいうと "今売ったら、今解約したら、いくらの金額
　　　　が手に入るか" ということです。

みか　：わかりやすい！　ということは、株式だったら、証券会社
　　　　の電光掲示板に掲載されている金額。預金だったら、通帳に
　　　　記載されている金額。保険契約だったら、そのときの解約返
　　　　戻金かな。マンションだったら、いくらで売れるかを不動産
　　　　屋さんに教えてもらった金額？　でも不動産屋さんによって
　　　　意見が違うかも。

バニー：株式や預貯金、保険契約の評価方法はほぼ正解です。しか
　　　　し、みかさんが疑問を持たれるように、不動産の時価を算出
　　　　するのは、とても難しいのです。人によって意見がまちまち
　　　　になってしまうようでは、税金計算上不公平が生じます。

　　　　　したがって、誰がやっても同じ金額になるように、実務上
　　　　は相続財産のほとんどのものについて、国税庁から公表され
　　　　ている「財産評価通達」と呼ばれる評価基準に従って評価す

ることとされています（図表25）。

【財産評価（代表的なもの）（図表25）】

	種 類		評 価
被相続人から受け継ぐ財産	土地		(1)路線価方式:路線価×補正率×地積 (2)倍率方式: 固定資産税評価額×倍率
	家屋		固定資産税評価×倍率
	株式	上場株式	課税時期の最終価格、課税時期の属する月以前3か月間の最終価格の各月平均額のうちの最も低い価格
		取引相場のない株式	(1) 同族株主 　会社の業種や規模に応じて、 　類似業種比準方式,純資産方式, 　または折衷方式により評価 (2) (1)以外の株主 　配当還元方式により評価
	公社債		課税時期の最終価格等に、その公社債の種類に応じ、既経過利息を加算等して算定した価格
	預貯金		預入残高＋ 既経過利子（源泉所得税等控除後）
	貸付金		返済を受けるべき金額 ＋ 既経過利息
	ゴルフ会員権		取引価額×70%
	家財・書画骨とう・貴金属等		調達価額・売買実例価額・ 精通者意見価格
	契約上の地位	借地権	宅地の価額 × 借地権割合
		借家権、賃借権	評価はゼロ
		保険契約	解約返戻金相当額等

Ⅲ　一番気になる！　税金編

相続人に帰属している財産	相続みなし財産	死亡保険金死亡退職金	受取金額-(500万円×法定相続人の数)
		生命保険に関する権利	解約返戻金相当額
	加算財産 生前贈与	暦年贈与によって相続開始前3年以内に贈与受けたもの	贈与時の評価額
		相続時精算課税によって生前に贈与受けたもの	贈与時の評価額

父　　：つまり、国税庁はこの「財産評価基本通達」によって各財
　　　　産の「時価」の算出方法を決めているんだね。

バニー：その通りです。

　　　　ただ、不動産についてはこの「通達」によって決められた
　　　　方法に従った計算上の時価が、あまりに実態時価と異なるよ
　　　　うであれば、不動産鑑定士などの不動産評価のプロに個別に
　　　　査定してもらって、その価額を採用する方法もあります。

　　　　財産評価の基本姿勢はあくまで「時価」で評価です。

みか　：誰がやっても同じ時価が算出できる！　便利ですね。

バニー：ところが、土地の評価に限っては「財産評価基本通達」が
　　　　存在するものの、他の財産と違ってややこしく、人によって
　　　　計算結果が違うということがよくあるのです。

　　　　土地の評価は、(1)「路線価方式（路線価が定められてい
　　　　る市街地にある宅地）」か(2)「倍率方式（それ以外の地域の
　　　　土地)」で行います。

　　　　これは対象土地が、どちらで評価しなければならないか決
　　　　まっています。路線価は、その土地が所在する地域において

【土地の増額・減額ポイント（図表 26）】

増額項目	評価増となるケース
複数路線	角地や側面・裏面に路線がある場合

減額項目	評価減となるケース
利用状況	貸地や貸家の敷地等（「貸宅地」「貸家建付地」）になっている
現況地積と登記地積	縄縮みしている
間口距離及び奥行距離	間口が狭小、または奥行が長大（短小）である
土地の形	土地の形が悪い（不整形地）
前面道路幅員	要セットバックである
容積率	容積率の異なる2以上の地域にまたがっている場合
がけや斜面の有無	がけ地である
造成（整地・土盛・土止等の必要性	造成が必要である
都市計画道路	都市計画道路予定地にある場合
土壌汚染	土壌汚染が判明している
高圧線	高圧線下である
近隣の開発状況	広大地である場合
その他	騒音・日照条件・近隣に墓地やごみ焼却場等がある場合等

Ⅲ　一番気になる！　税金編

最も利用効率が高い土地の 1㎡あたりの時価を表しています（毎年国税庁より発表）。したがって、基本の土地の評価は「路線価×地積」としてして計算しますが、土地によっては形状が悪かったり、傾斜が高低差があったり、高圧線下であったりと、なんらかの減額要因を含んでいる場合があります。またこれとは逆に、二方以上の路線に面している場合は、一方のみが路線に面している宅地より利用価値が高いと考えられるので増額要因となります（図表 26）。

　　　これら増額・減額要因を考慮して、最終的な土地の相続税評価額を算定します。

父　　：こんなにあるの⁉　これは詳しい人じゃないとわかんないよね。

バニー：その他にも、最大 65% 減になる「広大地評価」（後述）、また財産評価通達ではないですが、最大 80% 減になる「小規模宅地等の特例」（後述）適用による評価減もあります。これらの要件判断も非常に複雑です。

みか　：これは専門家にお願いしたほうがよさそうね…。

バニー：ちなみに、贈与財産についても「財産評価通達」に基づいて評価します。

ココがまちがいやすい！

・土地の評価は「収益性」を見ていません！
・土地の評価は簡単にできる場合もありますが、複数の減額要素の検討、権利関係の検討等複雑な場合もあるため、専門家同士でも同じ評価にならないこともあります。

【土地評価計算例（図表 27）】

①自己所有の宅地を貸している場合（貸宅地）の評価

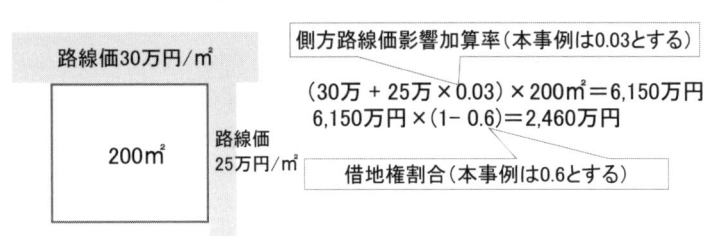

路線価30万円/㎡

200㎡

路線価
25万円/㎡

側方路線価影響加算率（本事例は0.03とする）

（30万 ＋ 25万×0.03）×200㎡＝6,150万円
6,150万円×（1－0.6）＝2,460万円

借地権割合（本事例は0.6とする）

※ 側方路線価影響加算率：対象地が角地である場合、もう一方の道路の評価を一部加算する形で計算します。その際の割合のこと。

※ 借地権割合：地主から土地を有償で借り、建物を建てている場合、その土地を使用できる権利として「借地権」が発生します。国税局が各地域ごとに借地権割合を設定しています。その割合のこと。

②自己所有の宅地に建っている家屋を貸している場合（貸家建付地）の評価

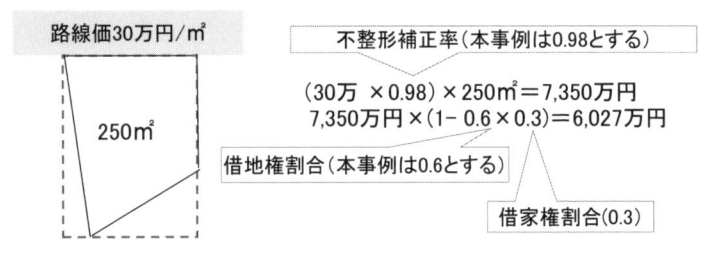

路線価30万円/㎡

250㎡

不整形補正率（本事例は0.98とする）

（30万 ×0.98）×250㎡＝7,350万円
7,350万円×（1－0.6×0.3）＝6,027万円

借地権割合（本事例は0.6とする）

借家権割合(0.3)

※ 不整形地補正率：地形が整形な土地に比べ変形になっていることに関しての減額割合のことをいいます。

※ 借家権割合：所有建物を貸している場合に、通常の建物の評価額に対する借家人の権利（借家権部分）の割合のことをいいます。

Ⅲ　一番気になる！　税金編

3　財産から控除できる債務はどれとどれ

・・・・・・・・・・・・・・・・・・・・・・・・・・・・・・・

バニー：しつこいですが、相続とは亡くなった人の財産・権利義務
　　　　を引き継ぐことです。相続が発生すると、借入金も故人から
　　　　引き継ぎます。もちろん、財産といってもマイナスの財産つ
　　　　まり「債務」なので、相続財産から控除できるのですよ。

母　　：前にお父さんに 10 万円貸したけど、まだ返済してくれな
　　　　いわ。覚えてる⁉

父　　：…はい。

バニー：10 万円はご主人の奥様に対する借入金なので、ご主人相
　　　　続財産から控除できます。ただし、住宅ローン等で、団体信
　　　　用生命保険により債務者の死亡保険金と相殺される場合は債
　　　　務控除できません。

　　　　　また賃貸アパートの敷金も「債務」です。敷金は賃借人が
　　　　退去時に賃借人に返さないといけないものですから。

父　　：ということは、例えば、生前にクレジットカードでテレビ
　　　　を買って、亡くなってからカードの請求書が来た場合、買っ
　　　　たのは私だけど、支払いは遺族がするよね。このテレビ購入
　　　　の請求は私の「債務」になるんですよね。

バニー：そうです！　他にも入院費、老人ホーム等施設の利用料金
　　　　等は、お亡くなりになった後に病院や老人ホームから請求書
　　　　が届きますよね。亡くなっているからご本人は払えない。ご
　　　　遺族が払うことになりますので、こういったものも「債務」
　　　　となります。

母　　：じゃあ、電話代やガス・電気・水道代も、使った後から請
　　　　求書が来るわよ。生前に払えなかった光熱費も「債務」よね。

【債務控除（図表28）】

	種　類	細　目	債務控除
被相続人から受け継ぐ債務（民法上の債務）	借入金	金融機関、個人	可
		団体信用生命保険付きのもの	不可
	未払金	入院費、施設費、クレジットカード等	可
		墓地、墓石、仏具等、非課税財産取得の為の未払金	不可
	未払税金	固定資産税、住民税、所得税	可
		相続人の責めに帰する加算税や延滞税	不可
	預り金	預かり敷金、保証金、前受金	可
	保証債務	保証債務（主たる債務者が弁済不能）	可
		保証債務（主たる債務者が弁済能力有り）	不可
被相続人から受け継ぐ債務ではない	葬儀費用	本葬、通夜、会葬御礼、通夜・本葬の飲食代、お布施、戒名料、火葬・埋葬・納骨費用、遺体運搬費用、　お手伝いをしていただいた方寸志	可
		香典返戻、墓地整備買入れ費用、仏具、初七日・四九日法要費用、遺体解剖費用	不可

バニー：そのとおりです。固定資産税や所得税（準確定申告によっ
て納付する所得税も含む）、住民税等の租税公課も、生前に
故人が支払っていなければ「債務」に該当します。

　　　ここで、注意事項です。固定資産税や住民税は、1月1日
時点（「賦課期日」）において、資産の所有者として登録があ
る者や、住民として登録がある者に対して税金がかかります。
従いまして、納期がまだ到来していないものであっても、全

Ⅲ　一番気になる！　税金編

　　　額を債務として控除することとなります。

母　　：昔、お義父さんが亡くなったときだけど、確か私、お義父
　　　　さんのお金で入院費と医療費を払ったわ。お義母さんに言わ
　　　　れて。亡くなった後で、亡くなった人のお金で支払ったらど
　　　　うなるのかしら？

バニー：亡くなった後に支払った医療費は、たとえ被相続人の財産
　　　　で支払ったとしても、債務控除の対象になります。ちなみに、
　　　　お亡くなりになる前に払った場合は、亡くなった方の準確定
　　　　申告で「医療費控除」の対象になりますから、しっかりと領
　　　　収書を保管してくださいね。

みか　：相続財産の中に「非課税財産」ってあったじゃない？　例
　　　　えば墓地とか仏具とか。これを亡くなる前に購入して、　請
　　　　求書が亡くなった後に到着した場合は、この請求は「債務」
　　　　にはならないよね。だって資産が課税されないのに、その未
　　　　払金が債務控除できるなんておかしいもんね。

バニー：みかさん、大正解！　そのとおりです。

母　　：みかちゃん、すごいわ！

父　　：あのお…。盛り上がってるところすいません。実は…、知
　　　　人の借金の保証人になってるんだけど、私の「債務」になる
　　　　のかな。

母、みか：えーっ！　聞いてないよっ!!

バニー：保証人になっているだけでは、「債務」にはなりません。
　　　　　　そのお知り合いの方に返済能力がなくて返済不能が確定、
　　　　保証人が返済することが絶対となった場合だけ「債務」とし
　　　　て控除できます。

父　　：なるほど、私が返済することが絶対的に決まっていて、「肩
　　　　代わりした分、返してくれ」って言えない場合だな。そりゃ

76

そうだ。

バニー：債務控除の基本原則は、相続開始時点で具体的に金額が確定していて、その存在が確実なものであることです。

みか　：葬式代は？　控除できるって聞いたことがあるよ。

バニー：できますよ。葬儀費用は、故人の「債務」ではないですが、相続財産からの控除が認められています。

みか　：葬式代ならなんでもいいの⁉

バニー：基本的には大丈夫です。通夜・告別式・埋葬・納骨の費用、お布施、関係する交通費などなど。

　　　　ただし、香典返しや初七日や四十九日にかかる費用は葬式代ではないので、控除することはできません。

全員　：細かい！

ココがまちがいやすい！

・団体信用生命保険付きの借入金は、債務控除の対象になりません‼

・非課税資産（墓石や仏具）取得の未払金等は、債務控除の対象になりません‼

・被相続人に関わる費用等も被相続人の財産で支払ったものでも、死後の支払いであるなら債務控除可能です。

・保証債務（保証人としての債務）の債務控除は、もともとの債務者が返済能力を失っている場合で保証人の債務負担が確実、さらにもともとの債務者より返還を受ける見込みがない場合に認められます。

Ⅲ　一番気になる！　税金編

4　相続税ってどうやって計算するの？

バニー：相続税ってどうやって計算するのだと思いますか。
　　　　皆さんで考えてみましょうか。

父　　：「財産全体×○％＝相続税」と計算するんじゃないのかな。
　　　　そして、税金を引いたあとの純財産を相続人で分ける。一方
　　　　で、税金は相続人全員でもらった財産に応じて負担する。

母　　：なるほど！　わかりやすい。

父　　：相続税の税率は、財産額が大きくなればなるほど税率が高
　　　　くなっているいわゆる「累進税率（図表30）」をとっている
　　　　よね。お父さんの財産は全部で1億円とすると、税率表で
　　　　みると、30％か。お父さんは財産に対し30％の相続税がか
　　　　かる。

みか　：待って、なんかおかしくない!?　仮に私の分け前が、2,000
　　　　万円だとするよね。仮にお父さんに、宝くじが当たって財産
　　　　が2億円に増えたとするじゃない。すると税率は40％。私
　　　　の分け前が変わらず2,000万円だとして、私は分け前が変
　　　　わってないのに、皆で負担するとはいえ、40％もの税金を
　　　　負担するの???

父　　：そうか…。確かに不公平な感じがするよな。おまえは同じ
　　　　だけの財産しかもらってないのに、税金が増えるなんて。

母　　：じゃあ、もらった分だけの税金を払う計算方法なんじゃな
　　　　い？　みかちゃんは2,000万円もらうから、税率表による
　　　　と15％の相続税を払うよね。
　　　　お母さんは1億円－2,000万円＝8,000万円だから30％。
　　　　もらった財産に応じた税金をそれぞれが払う。

78

【相続税の課税方式（図表29）】

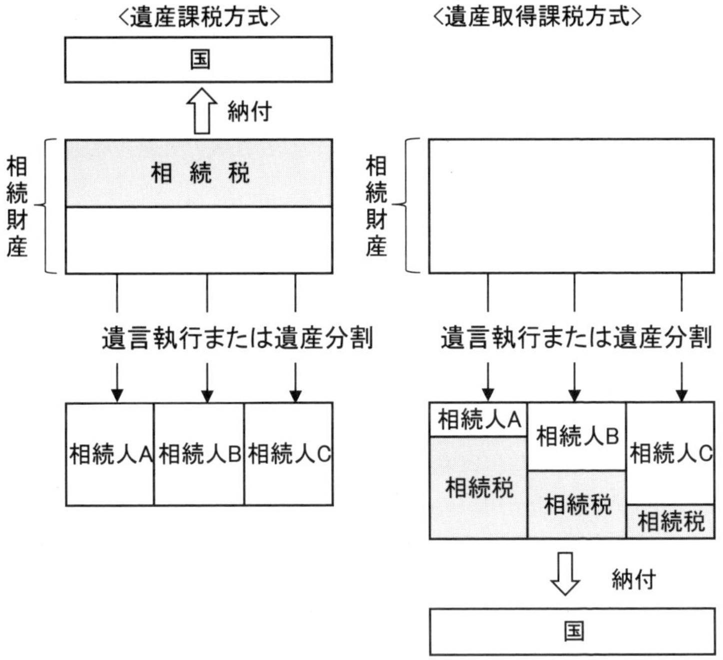

〈遺産課税方式〉 〈遺産取得課税方式〉

遺言執行または遺産分割　　遺言執行または遺産分割

（出展：国税庁）

遺産課税方式とは、被相続人の合計財産に着目するやり方です。まずはその被相続人の持っているすべての財産に課税され、税金を差し引いた残りの財産を相続人たちで分割します。
遺産取得課税方式とは、相続人1人当たりがどの程度の財産を相続したかに着目するやり方です。遺産を多くした相続人の方がより相続税が多く課税されることになります。分割次第で、相続税の合計額も変動します。

Ⅲ　一番気になる！　税金編

父　　：それも、わかりやすい。

みか　：じゃあさ、お母さんの税率も 15％になるよう、もう 1 人
　　　　か 2 人、おばあちゃんやおばさんに相続してもらえばいいん
　　　　じゃない。すると、全員が 15％になって相続税の合計額が
　　　　とっても、安くなるよね。ん？　なんかこれもおかしいよね!?
　　　　　同じお父さんの財産なのに、もらう人の人数や分け方に
　　　　よって税金の総額が違うよ！

バニー：いいところに気づきました。ご主人と奥様の思いついた方
　　　　法は、それぞれ欠点があるのです。
　　　　　ちなみに、ご主人が思いついた方法が「遺産課税方式」、
　　　　奥様が思いついた方法が「遺産取得課税方式」といいます（図
　　　　表 29）。
　　　　　そこで、現行の相続税計算はお 2 人の各々の方法の長所
　　　　を取り入れた折衷案の形になっています。
　　　　　まず、法定相続人の数と法定相続分によって相続税の総額
　　　　を算出し、その後その税額を各人の取得財産額に応じて課税
　　　　する方式なんですよ。

父　　：うーん、ややこしい！　つまりどのように分割しても相続
　　　　税の総額が変わらないようにしているってことですね。

バニー：そのとおりです！　では、具体的に計算をみてみましょう
　　　　（図表 32）。相続税の計算は 3 つのステップで計算します。
　　　　　ステップ 1 は、相続税の対象となる財産債務の合計額を
　　　　出します。前述したとおり、実際に受け継ぐ財産債務と相続
　　　　税の対象になっている財産債務（「課税価格」）は違いがあり
　　　　ますから注意です（図表 31）。合計額から「基礎控除（3,000
　　　　万円＋ 600 万円×法定相続人の数）」を差し引きます。この
　　　　ステップ 1 の段階で金額がゼロかマイナスになれば、相続

【相続税の速算表（図表30）】

法定相続分に応ずる取得金額	税率	控除額
1,000万円以下	10%	－
3,000万円以下	15%	50万円
5,000万円以下	20%	200万円
1億円以下	30%	700万円
2億円以下	40%	1,700万円
3億円以下	45%	2,700万円
6億円以下	50%	4,200万円
6億円超	55%	7,200万円

【相続税の課税価格（図表31）】

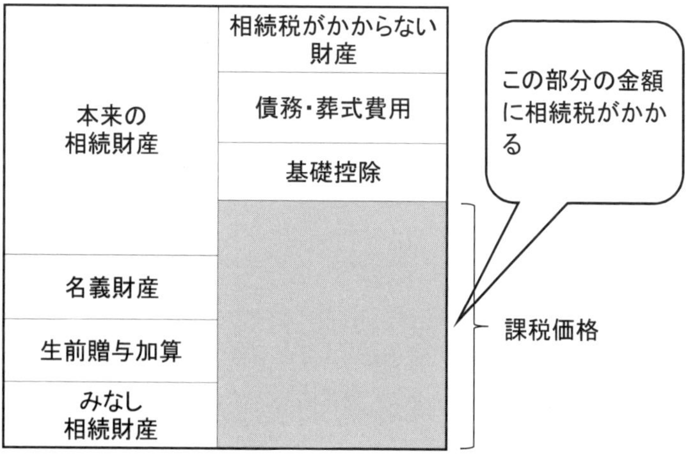

本来の相続財産	相続税がかからない財産	この部分の金額に相続税がかかる
	債務・葬式費用	
	基礎控除	
		課税価格
名義財産		
生前贈与加算		
みなし相続財産		

Ⅲ　一番気になる！　税金編

税がかかりませんので、相続税の申告自体が不要となります。

　　　ステップ2は、相続税の総額を出します。相続人が法定相続分どおりに相続したと"仮定"して相続税の総額を計算します。

みか　：本当はちがうけど、仮に法定相続分どおりに相続したとして、計算するってことね。そうか、これによってどう分割しても相続税総額は一定ね。

バニー：ステップ3は、各相続人の納付税額を出します。ステップ2で計算した相続税の総額を各相続人が実際に取得した財産に応じて按分します。

　　　その後、相続人が配偶者・子供・父母以外の場合は相続税を2割増しにして（「相続税の2割加算」（後述））、各相続人にあてはまった「税額控除（7種類あります）（後述）」を差し引くことにより、最終的な個々の納付税額を出します。

全員　：やっぱり、ややこしい！

バニー：相続税の税額計算は、ピシッとできなくても、イメージだけでも掴んでいただけたら十分です。

ココがまちがいやすい！

・相続税の計算は遺産全体で計算しないことです。間違えて課税遺産総額全体で計算すると、とんでもない高い税率が適用されることになってしまいます！

82

【相続税計算例　その1（図表32）】

計算例：遺産総額　1億6,800万円
　　　　長男:1億円、長女:3,800万円、次男:3,000万円を　相続

【ステップ1】　→　課税価格の算出
　　（課税価格の合計額）−（基礎控除額）＝（課税遺産総額）
　　　1億6,800万円　　−　　　4,800万円　　＝　　1億2,000万円

【ステップ2】　→　相続税総額を算出
　　（課税遺産総額）×（法定相続割合）＝（法定相続分）
　　　長男：1億2,000万円　×　1/3　＝　4,000万円
　　　長女：1億2,000万円　×　1/3　＝　4,000万円
　　　次男：1億2,000万円　×　1/3　＝　4,000万円
　　（法定相続分）×（税率）−（控除額）＝（仮の相続税額）
　　　長男：4,000万円　×20%　−　200万円　＝　600万円
　　　長女：4,000万円　×20%　−　200万円　＝　600万円
　　　次男：4,000万円　×20%　−　200万円　＝　<u>600万円</u>
　　　　　　　　　　　　　　　計　　1,800万円
　　　　　　　　　　　　　　　　　（相続税総額）

【ステップ3】　→　各人の税額を算出
　　（相続税総額）×（各相続財産）/（全相続財産）＝（相続税額）
　　　長男：1,800万円　×　1億円/1億6,800万円　　＝　1,072万円
　　　長女：1,800万円　×　3,800万円/1億6,800万円　＝　407万円
　　　次男：1,800万円　×　3,000万円/1億6,800万円　＝　321万円

Ⅲ　一番気になる！　税金編

5　2割加算と7つの税額控除ってなんのこと

バニー：全体的な相続税計算のご説明をしました。難しければ、イメージだけでも、掴めればいいです。ここでは、「2割加算」と「7つの税額控除」のお話をします。

父　　：各相続人が負担する相続税は、相続税の総額を按分しただけでは終わらないのですよね。

バニー：そうです。各相続人のそれぞれの状況、例えば配偶者である、未成年者である、孫である、兄弟であるなどに応じて、相続税を上乗せしたり（「2割加算」）、減らすこと（「7つの税額控除」）によって最終的な納税額をだします。

母　　：同じ相続人でも血縁関係が近い人とそうでない人がいたり、障害をお持ちの人がいたり、調整をつけるのはもっともね！

バニー：まず、「相続税の2割加算」。これは、相続人、遺言で財産をもらった人の内、配偶者、一親等の血族（子、父母）以外の相続人については、相続税額を2割増しにするというものです。

みか　：えええっ！　じゃあ、兄弟も、孫も2割増し！　遺言で財産をもらった愛人も2割増し!?

バニー：そうです。ただし、代襲相続人である孫（前述）は2割増しにならないですが、養子であっても孫だったら2割増しになります。

父　　：そうかあ、孫養子も、2割増しか。

バニー：次は「7つの税額控除」です。これらは、税額を減らせるものですね。多いので主なものだけ説明します。まず、「贈与税額控除」。相続税がかかる財産として「相続開始前3年

84

【税額控除（図表33）】

順序	項目	内　　容
1	贈与税額控除 （暦年課税贈与）	相続開始前3年以内に、被相続人から受けた贈与財産が、相続税の課税価格に加算された場合に、その贈与財産について、支払った贈与税を控除できる。
2	配偶者の 税額軽減	配偶者が相続した財産のうち、①法定相続分、又は、②1億6,000万円分、までは配偶者の相続税が軽減できる。
3	未成年者控除	相続人が未成年者の場合、未成年者が20歳になるまでの年数に応じて、一定の算式で計算した税額が控除できる。
4	障害者控除	相続人が障害者である場合、障害者が85歳になるまでの年数に応じて、一定の算式で計算した税額が控除できる。
5	相次相続控除	10年間に2回以上の相続税を支払う相続があった場合、最初の相続発生時から、今回の相続発生時までの期間に応じて、一定の算式で計算した税額が控除できる。
6	外国税額控除	外国にある財産を相続し、その財産について外国の相続税が課税された場合、一定の算式で計算した税額が控除できる。
7	贈与税額控除 （相続時精算課税）	生前に相続時精算課税制度を適用していた場合、相続時精算課税制度によって支払った贈与税額を控除できる。

・「順序」の番号順で控除していきます。
・「未成年者控除」「障害者控除」についてのみ、引ききれないときはその未成年者または障害者を扶養する親族とされる相続人から控除できます。

　以内生前贈与」がありました。贈与を受けて贈与税を払っている場合（110万円を超えている）は、その贈与税を相続税から差し引けるものです。

Ⅲ　一番気になる！　税金編

みか　：そうか、相続税もかかるし、以前贈与税も払っているから
　　　　二重になってしまいますもんね

バニー：そうです！　贈与税と相続税の二重課税防止ですね。さら
　　　　に、「相続税精算課税制度」（後述）を選択して払った贈与税
　　　　も対象になります。

　　　　　次は、最も大事な控除である「配偶者の税額軽減」です。

母　　：私、知ってるわ。妻には相続税はかからないというものよね。

バニー：あたりです。配偶者は被相続人の財産形成に貢献している
　　　　等の理由から、配偶者には相続税の負担を最小限にしていま
　　　　す。配偶者は2分の1の法定相続分（場合によっては、3分
　　　　の2、4分の3）、が保障されてますよね。配偶者が法定相
　　　　続分の財産を取得した場合、相続税はかかりません。

　　　　　また、それ以上に取得したときも、1億6,000万円まで
　　　　なら相続税がかかりません。

母　　：すごい！　1億6,000万円以内なら無税ってことね。

バニー：はい。ただし大事な要件があります。申告期限までに分割
　　　　協議がなされていて、かつ申告することです（期限内に分割
　　　　できなければ「申告期限後3年以内の分割見込書」を添付し
　　　　て申告）。期限までに申告することがもちろん原則ですが、「期
　　　　限後申告（期限を過ぎてから出す申告書）」や「修正申告・
　　　　更正の請求書（ともに誤りを直した後の出し直しの申告書）」
　　　　でも大丈夫です。

父　　：遺産分割自体には期限はないけど、早めにするのは大事だ
　　　　よな。

みか　：だったら、遺産の1億6,000万円まで相続税がかからな
　　　　いんだったら、全部お母さんの取得にすればいいじゃない？

バニー：確かに、お父さんの相続の際にはいいですよね。しかし、

86

お母さんに相続（「二次相続」）が発生したときに、沢山の相続税がかかってしまうおそれがあります。相続人の人数も減りますから。

　ですので、配偶者税額軽減を適用する際には、二次相続までのシミュレーションも考える必要がありますね。

全員　：確かに！

バニー：税額控除は他にも５種類程あります。10年以内に続けて相続があった時に、２回目の相続で最初に払った相続税の一部を引くことができる制度（「相次相続控除」）や、相続人が未成年や障害者である場合の税額軽減（「未成年者控除・障害者控除」）、海外で相続税を払っていた場合、日本での相続税額から差し引いて納税できるという制度（「外国税額控除」）があります（二重課税防止）。簡単に表にまとめましたので、参考になさってくださいね（図表33）。

ココがまちがいやすい！

・相続税の２割加算は、いわゆる孫養子も対象になります！
・配偶者が１億6,000万円まで取得した場合には、一次相続の相続税は安くなります。しかし、二次相続もあわせて考えると、負担が重くなることがあります。一次相続と二次相続トータルでの税額はどうなるかを考えることが大事です！
・配偶者の税額軽減は申告期限までに遺産分割が終了していることが条件です。そうでない場合については「申告期限後３年以内の分割見込書」の提出が必要です！

Ⅲ　一番気になる！　税金編

【相続税計算例　　その２（図表34）】

計算例：遺産総額　1億6,300万円
　　　　　妻:8,000万円、長男:5,000万円、孫:3,300万円を遺贈
　　　　　長男に対し、2年前に500万円の生前贈与
　　　　　（48万円の贈与税納税済み）
　　　　　孫は養子であり代襲相続人ではない

【ステップ1】　→　課税価格の算出
　（課税価格の合計額）＋（生前贈与加算)=(課税価格の総合計額）
　　　1億6,300万円　＋　　　500万円　＝　　1億6,800万円
　（課税価格の総合計額）−（基礎控除額）＝（課税遺産総額）
　　　1億6,800万円　−　　4,800万円　　＝　1億2,000万円

【ステップ2】　→　相続税総額を算出
　（課税遺産総額）×（法定相続割合）＝（法定相続分）
　　妻　：1億2,000万円　×　1/2　＝　6,000万円
　　長男：1億2,000万円　×　1/4　＝　3,000万円
　　孫　：1億2,000万円　×　1/4　＝　3,000万円
　（法定相続分）×（税率）−（控除額）＝（仮の相続税額）
　　妻　：6,000万円　×　30%　−　700万円　＝　1,100万円
　　長男：3,000万円　×　15%　−　50万円　＝　　400万円
　　孫　：3,000万円　×　15%　−　50万円　＝　<u>　400万円</u>
　　　　　　　　　　　　　　　　　計　　1,900万円
　　　　　　　　　　　　　　　　（相続税総額）

【ステップ3】 → 各人の税額を算出

（相続税総額）×（各相続財産）/（全相続財産）＝（相続税額）

妻 ： 1,900万円 × 8,000万円/1億6,800万円 ＝ 905万円

　　　　→配偶者の税額軽減額により 妻は税額ゼロ

長男：1,900万円 × 5,500万円/1億6,800万円 ＝ 622万円

　　　　→贈与税額控除額を622万円より控除

　　　　48万円…(贈与税額控除額)

　　　　622万円 － 48万円 ＝ 574万円

孫 ： 1,900万円 × 3,300万円/1億6,800万円 ＝ 373万円

　　　　→相続税の2割加算額を373万円に加算

　　　　373万円 × 20％ ＝ 75万円…(2割加算額)

　　　　373万円 ＋ 75万円 ＝ 448万円

相続税計算例（その1）と比較して見てください。

課税価格の僧合計が1億6,800万円で同額。

法定相続人の数も同数。相続税総額も同額。

しかし、相続人の個別の状況によって、こんなにも各人の相続

税額が違ってきます！

Ⅲ　一番気になる！　税金編

6　相続税の納税方法は

・・・

バニー：相続税は現金による一括納付が原則で、しかし、一定の条
　　　　件を満たせば、「延納」（相続税を分納すること）や、「物納」（相
　　　　続税を現金ではなく、不動産などの相続財産で納付すること）
　　　　による納税も認められているということでした。

みか　：延納は分納ってことだから、利息なんかはとられるよね。

バニー：そうなんです。延納では延納期間が原則5年間、最大で
　　　　20年間まで認められますが、国に対する借入金と同じなの
　　　　で、国に対する利息（「利子税」）を支払わなければなりませ
　　　　ん。また延納金額に見合う担保の提供が求められます。この
　　　　の担保も、担保として不適格なもの、例えば、共有財産の持
　　　　ち分や売却できる見込みのない財産などは除かれます。
　　　　これでは、優良な財産から優先して担保提供せざるを得なく
　　　　なり、資産の有効活用の妨げになってしまいます。

みか　：銀行からお金借りたほうがよくない？

バニー：はいそうなのです。昔は相続税支払いのためのローンは難
　　　　しかったのですが、今は借りやすくなったので、利息や借入
　　　　条件を検討してみることもおすすめします。

母　　：相続財産で納税する「物納」は？　私、これ、とっても興
　　　　味あるわ。だって、いらない不動産をもっていってくれるか
　　　　もしれないじゃない？　そしたら一石二鳥よね。

バニー：うまくいけばそうですね、ところがそうはいかないケース
　　　　も多々あります。物納による場合は、延納でも納められない
　　　　点を税務署長に認めてもらう必要があり、かなり条件的には
　　　　厳しいものとなります（図表35）。抵当権が付いている物件

90

【延納・物納の要件（図表35）】

延納	物納
①相続税が10万円を超えること ②金銭で納付することを困難とする事由があり、かつ、その納付を困難とする金額の範囲内であること ③延納税額及び利子税の額に相当する担保を提供すること ※ただし、延納税額が50万円未満で、かつ、延納期間が3年以下である場合には担保を提供する ④延納しようとする相続税の納期限又は納付すべき日（延納申請期限）までに、延納申請書に担保提供関係書類を添付して税務署長に提出すること	①延納によっても金銭で納付することを困難とする事由があり、かつ、その納付を困難とする金額を限度としていること ②物納申請財産は、納付すべき相続税の課税価格計算の基礎となった相続財産のうち、次に掲げる財産及び順位で、その所在が日本国内にあること 第1順位　国債、地方債、不動産 第2順位　社債、株式等 第3順位　動産 ③物納に充てることができる財産は、抵当権がついているような土地や、境界が明らかでない土地等の物納不適格財産でないこと ④物納しようとする相続税の納期限又は納付すべき日（物納申請期限）までに、物納申請書に物納手続関係書類を添付して税務署長に提出すること

※物納を延納や現金納付へ変更することや、延納を現金納付へ変更することはできます。また、申告期限から10年以内に限り、一定の案件を満たせば、延納から物納への変更が認められます。

　や係争中の財産、共有財産や老朽化の著しい家屋は物納することができず（「物納不適格物件」）、また物納できる財産が複数ある場合には、物納に際しての順位も決められています。

Ⅲ　一番気になる！　税金編

また、税務署長の物納許可が下りるまで（審査期間（概ね３ヶ月）を除く）の期間について利子税が課せられます。手続が大変だし、物納される不動産は路線価をベースにした相続税評価額できまるので、不動産を売って、現金に代えて納税資金にしたほうが得な場合がもあります。

母　　：え、いいこと少ないじゃない !?

みか　：でもさ、がけ地などで市場では売れないような物件の場合には、物納を検討したほうがいいよね。

バニー：はい、そうです。物納できる不動産であって、市場での不動産売却が難しいもの（変形地やがけ地、底地など）は逆に物納でもっていってもらったほうがいいですよね。物納は要件は厳しいですが、要件さえ満たしていれば、引き取ってもらえますから。

父　　：物納に適した財産の形にするってことが大事になりますね。抵当権を外したり、共有を解消したり。一般の売買と同じように、境界確定や測量も必要なんですよね（図表36）。

バニー：そのとおりです！

みか　：納税っていっても沢山あるのね。

バニー：はい。延納か物納か、銀行借入か不動産売却か。延納は「繰り上げ返済」ができるので、不動産が売れるまで延納を利用したりしてもいいですし。

　　　　遺産分割の段階で、納税のことも意識して相続税額に見合う現金などを分割するか、現預金が少額なケースでは、早めに不動産を売却したり、物納を検討したりして納税資金などを準備しておく必要がありますね。

【不動産を売却・物納して納税した場合のメリット・デメリット（図表36）】

	不動産売却 による納付	不動産物納 による納付
不動産の価値	市場価格	路線価 （市場価額の80%）
所得税	譲渡所得税がかかる ※但し、3年以内に限り 「取得費加算」の特例有	かからない ※但し、超過物納の場合は 譲渡所得税がかかる
納付期限	相続発生から 10ヶ月以内	相続発生の日から10ヶ月 以内に申請。最長1年間延 長可。
測量・境界確定	必要である場合が多い	必要
メリット	・市場価格（売却額）の方 が路線価（相続税評価 額）より高い場合は、所 得税を納税しても手取り は多い ・すぐに売却できて納期 限に間に合えば、延納 による利子税は不要	・「市場価格＜相続税評価 額」である土地は物納が有 利 ・不整形地やがけ地など、 市場で売却が難しい土地 でも物納なら処分可となる 場合がある
デメリット	・相続が発生してから 10ヶ月の間に決済まで 済ませないといけない ・不整形地やがけ地など は売れない	・測量・境界確定費用が必 ずかかる。物納申請が却 下されても費用は返還され ない ・瑕疵責任（不動産の不具 合）は5年と長期（売却なら 通常1年間）。瑕疵があった 場合は納税者が費用負担

ココがまちがいやすい！

物納は非常に条件が厳しいです。将来物納を検討しているのなら、
それなりの準備が必要です。同時に売却の有利不利の検討も！

Ⅲ　一番気になる！　税金編

7　贈与税の申告・納税方法は

・・・・・・・・・・・・・・・・・・・・・・・・・・・・・・・・・・・・・

バニー：ずっと相続税の話でしたが、今度は、贈与税の話に変わり
　　　　ます。民法上の贈与のうち、「生前贈与」に対して贈与税が
　　　　かかるのでした。さらに、税法上は2つの贈与制度（「暦年
　　　　贈与」と「相続時精算課税贈与」）によって成り立っています。

母　　：2つの贈与制度…どちらかを選ぶってこと？

バニー：そのとおりです。一度でも相続時精算課税制度の適用を受
　　　　けた後は、同じ贈与者から再び生前贈与を受けた場合に、暦
　　　　年贈与を利用することはできません。ただし、贈与者が異な
　　　　れば併用できます。

みか　：慎重に選ばないとってことね。

バニー：はい。選択については後述しますね。ちなみに、贈与税は
　　　　もらった側（受贈者）が申告納税する義務があります。どち
　　　　らの制度も贈与を受けた翌年の3月15日が申告納税期限で
　　　　す。納税は現金一括が原則ですが、延納も認められています
　　　　（物納は認められていません）。

父　　：つまり、確定申告の時期に申告ですね。

バニー：はい、そのとおりです。それぞれの贈与制度の概略を説明
　　　　しますね。まず「暦年贈与」は、1月1日から12月31日
　　　　までの1年間に、贈与によりもらった財産の合計額が基礎控
　　　　除額110万円以下であれば、贈与税の申告が不要の制度で
　　　　す。110万円を超えるようであれば、申告が必要になります。
　　　　　税額は、その超えた金額に税率（累進課税）を乗じて算出
　　　　します（図表37）。

母　　：あー、よく110万円までは税金かからないっていうやつね。

94

【贈与税の速算表 (図表 37)】

暦年贈与に係る贈与税の速算表 Ⅰ

（20歳以上のものが直系尊属から
贈与を受けた財産に係るもの）

基礎控除後の 課税価格	税率	控除額
200万円以下	10%	-
400万円以下	15%	10万円
600万円以下	20%	30万円
1,000万円以下	30%	90万円
1,500万円以下	40%	190万円
3,000万円以下	45%	265万円
4,500万円以下	50%	415万円
4,500万円超	55%	640万円

暦年贈与に係る贈与税の速算表 Ⅱ

（左記以外の贈与財産に係るもの）

基礎控除後の 課税価格	税率	控除額
200万円以下	10%	-
300万円以下	15%	10万円
400万円以下	20%	25万円
600万円以下	30%	65万円
1,000万円以下	40%	125万円
1,500万円以下	45%	175万円
3,000万円以下	50%	250万円
3,000万円超	55%	400万円

相続時精算課税制度に係る贈与税の速算表

特別控除後の 課税価格	税率	控除額
一律	20%	-

【贈与税の課税価格 (図表 38)】

この部分の金額に
贈与税がかかる

本来の贈与財産	贈与税がかからない財産	
	基礎控除	
みなし贈与財産		課税価格

Ⅲ　一番気になる！　税金編

バニー：そうです、そうです。次に「相続時精算課税贈与」は、
　　　　60歳以上の親から20歳以降の子・孫への贈与が累計で特
　　　　別控除2,500万円まで贈与税がかからない制度です。

　　　　　2,500万円以下の贈与であったとしても、贈与を受ける都
　　　　度、申告の必要があります。税額は2,500万円を超えた部
　　　　分のみ一律20%の税率で計算します。その贈与者が亡くなっ
　　　　たときにその贈与財産の贈与時の価額と相続財産の価額とを
　　　　合計した金額を基に計算した相続税額から、既に納めたその
　　　　贈与税額を「前払相続税」として控除するという仕組みをとっ
　　　　ています（相続税と一体化）。

みか　：なるほど、まさに「前払相続税」ね。それにしても贈与税
　　　　の計算は相続税と比較すると、かなりシンプルね！　よかっ
　　　　たわ。ところで、どんな財産に贈与税がかかるの？

バニー：贈与税のかかる財産は、相続税がかかる財産とほぼ同じで
　　　　す。また、財産の評価方法も相続税の場合と同じです。

父　　：相続税と同様で「税法独自の規定」があるんじゃないですか。

バニー：正解です（笑）。税法上独自の贈与「みなし贈与（図表39）」
　　　　を贈与財産を加える必要があります。反対に、贈与財産なの
　　　　だけど、税法上、贈与税がかからない財産もあります。

　　　　　「みなし贈与」とは例えば、相場よりも安い価額で財産を
　　　　買った場合、買った側に相場価格との差額が「みなし贈与財
　　　　産」となり課税されます。

母　　：えーっ、知らないうちに「贈与」になってしまうなんて…。

バニー：そうなんです。贈与契約していなくても、同じような経済
　　　　的利益を受けていれば、"贈与とみなされる"ということで
　　　　すね。ちなみに、そもそもなんですが、贈与税が課税される
　　　　のは、贈与者・受贈者とも「個人」の場合だけです。片方が

【みなし贈与の具体例（図表 39）】

	具　体　例
生命保険金	自分が保険料を負担していない生命保険金を受取った場合。（但し、亡くなった人が自分を被保険者として保険料を支払っていた生命保険金を受取った場合は相続税の対象。）
低額譲受	時価よりも安い価格で財産を譲り受けた場合、時価との差額に対して課税。
債務免除益など	債務を免除してもらったり、他人に肩代わりしてもらった場合。但し、資力喪失で債務の返済が不可能であることが明らかな場合、返済不可能な額については非課税
その他利益の享受	その他の事由により受けた経済的な利益

「法人」であれば贈与税以外の税金（法人税もしくは所得税）がかかります。

バニー：大事なことを1つ。繰り返しとなりますが、贈与となるのは、双方の合意（「あげます」「もらいます」）があって初めて成立する契約です。しかし、その合意なしに贈与とみなされ、贈与税がかかってしまうもの（みなし贈与）があり、税法独自の贈与となります。

みか　：出ました〜、民法と税法の違い。

バニー：民法の規定をベースにしつつ、正しく税金をとるための法律が税法です。ここでも独自の考え方を出していますね。

ココまちがいやすい！

・贈与税の納税方法に、延納は認められていますが、物納は認められていません。
・贈与契約していなくても「みなし贈与」とされる場合があるのでご注意!!

Ⅲ　一番気になる！　税金編

約１万２千件が調査を受け１件あたり 452 万円追徴に！
相続税の税務調査の実態とは

　国税庁発表による「平成 25 事務年度における相続税調査実績」によると、実施調査の件数は 11,909 件、このうち申告漏れが見つかった件数は 9,809 件、調査件数のうち申告漏れ割合は 82.4％に達しています。8 割といえば、ほとんどの人がアウトになります。

　調査 1 件あたりの申告漏れ財産は 2,592 万円にのぼり、同・追徴税額は 452 万円に！

　申告漏れ財産のトップは、相変わらず「現金・預貯金等」がトップを占めています。以前は、無記名割引債などが財産隠しの常套手段に使われた時代もありましたが、現在は本人確認が厳格になっており、易々と課税逃れはできません。

　それでも、多額の現金・預貯金が課税漏れの指摘を受けているのは“名義預金”と言われる家族名義の預貯金が相当な割合を占めていると想像されます。

　たとえ、家族名義でも印鑑も本人が管理して、家族が自由に出し入れできない口座は、本人の財産とみなされ、相続税対象になります。漏れのないように注意しなければなりません。

　海外資産についても重点的に税務調査が行われています。海外資産関連事案の実地調査の件数は 753 件、申告漏れ総額は 163 億円でいずれも過去最高だったようです。100 万円を超えた海外送金については、銀行から税務署へ国外送金調書によりすべて把握されています。被相続人に海外資産があったり、外資系金融機関との取引があった場合は、漏れの無いように把握する必要があります。

　このように、「時代の変化」ともに、相続の背景が変わってきています。この変化に対応することが、真の相続対策なのです。

Ⅳ やっておきたい！
相続対策編

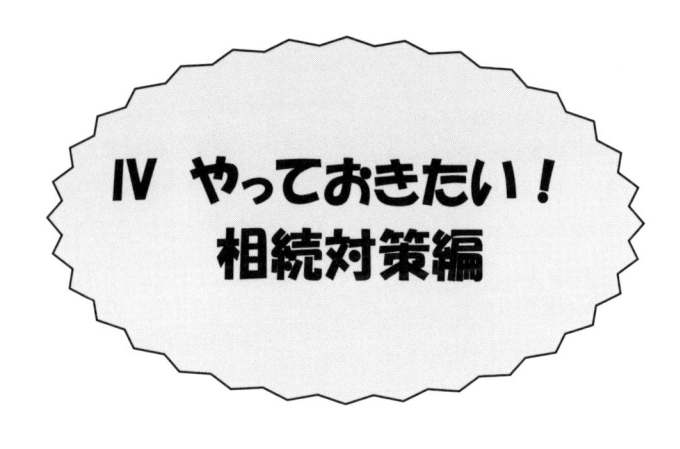

Ⅳ　やっておきたい！　相続対策編

バニー：相続対策といっても、目的によって、1.節税対策、2.分
　　　　割対策、3.納税対策の3つあるのをご存じでしょうか。
　　　　　これをごっちゃにしている人が多いのです。まず、ご自分
　　　　にとって、何が必要を検討してください（図表40）。

みか　：確かにね、相続対策って漠然としている。

バニー：まず、1の節税対策は、読んで字の通り、相続税の節税を
　　　　することが目的です。
　　　　　2の分割対策は、誰にどの財産を渡すかということです。
　　　　　いわゆる「争族対策」ですね。遺言書を書いて、誰にどの
　　　　財産を渡すかをあらかじめ決めてもいいですし、生前贈与に
　　　　よって、生前に財産を特定の人にあげてもいい。最近は「家
　　　　族信託」というのも注目されています。

父　　：生前贈与はすぐにできそうだから、色々考えたいなあ。

バニー：多種ある生前贈与は相続対策の要ですね。

みか　：税法上は「生前贈与」について、「暦年贈与制度」と「相
　　　　続時精算課税制度」と2つの制度を設け、受贈者はいずれ
　　　　かを選択することができるということでしたよね。

バニー：よく勉強されてますよね、うれしいです。
　　　　　さらに税法は贈与税の特例として「住宅取得等資金贈与の
　　　　特例」や居住用不動産に係る「贈与税の配偶者控除制度」、「教
　　　　育資金、結婚・子育て資金の一括贈与制度」などを設けてい
　　　　ます（詳細後述）。
　　　　　「暦年贈与」と「相続時精算課税」はそれぞれこれら贈与
　　　　税の特例と組み合わせて適用することができます。

父　　：私の財産のうち半分以上が不動産です。不動産についての
　　　　対策もしないといけませんよね。

バニー：はい、もちろんです。不動産対策は相続対策のもう1つの

100

要です。不動産対策は、ズバリ「不動産の評価を下げる」ことが中心の対策となります。

　具体的には4つの策があります。

　まず、

①小規模宅地の特例を適用する。もしくは適用できるように生前に要件を整える。

②土地の評価が低くなるように、利用状況を整理したり、分割をする。もしくはそのために準備する。

③生前に不動産を有効利用して土地の評価が低くなるようにしておく。

④法人を利用する。

などです。

母　　：最後の3の納税対策。これは将来的に遺族が相続税を支払えように備えることよね。一番心配だわ。お金残らないかも。

バニー：そうですね、今のうちから対策を考えておくことが大事です。

101

Ⅳ　やっておきたい！　相続対策編

【相続対策一覧表（図表40）】

相　続　対　策　項　目	節税対策	分割対策	納税対策	実行時期
1. 遺言書をつくろう	○	◎	○	生前
2. 信託を利用しよう		◎	○	生前
3. 養子縁組をしよう	◎	△		生前
4. 生前贈与をしよう				生前
①暦年贈与・相続時精算課税　※	◎	○	○	生前
②住宅取得等資金の贈与	○	○		生前
③おしどり贈与（夫婦間贈与）	○	○		生前
④教育資金、結婚・子育て資金の一括贈与	○	○		生前
⑤国外財産の贈与	○	○		生前
5. 「生命保険」は万能選手	○	○	○	生前
6. 不動産対策を考えよう				生前
①特例を使おう（小規模宅地等の特例の適用）	○	○		生前死亡後
②土地分割の工夫	○	○		生前死亡後
③土地の有効活用	○		○	生前
④法人設立３つの方法	○	○	○	生前

※　相続時精算課税の節税対策の効果は△

相続対策というとイコール相続税の節税対策と思っている方もいらっしゃいます。

　ですが、相続税申告の最前線にいると「相続税が払えなかった」とか「相続税の支払いのために生活が破綻してしまった」という例は非常に希です。

　一方で相続争いが起きて家族がバラバラになってまったという例には毎年必ず遭遇します。相続対策で本当に大切なのは何か…。

　難しい問題でしょうか？

Ⅳ　やっておきたい！　相続対策編

1　遺言書をつくろう

・・

バニー：亡くなった方が遺言書を残してくれれば、ご家族は遺産分
　　　　割協議をする必要がなくなりますし、なりよりも揉めません。
　　　　　　また、遺言書を書くことによって相続人以外の人に財産を
　　　　残すことができる、という遺言書作成の2大メリットを以
　　　　前にちょっとだけご説明しました。ここでは、このテーマを
　　　　深掘りしてみましょう。遺言書を作成したほうがいいと思わ
　　　　れる状況はどんなときでしょうか。

父　　：うーん、例えば夫婦に子供がいなくて、全財産を妻に残し
　　　　たい場合かな。遺言書がないと4分の1は兄弟に権利がある
　　　　からね。兄弟には遺留分もないし。

母　　：両親の介護を一生懸命してくれた長男のお嫁さんに財産を
　　　　残したいときかな。お嫁さんは相続人じゃないものね。

父　　：あと、逆に親不孝者に財産をあげないようにする。

みか　：相続人が誰もいない場合、相続人がいなければ財産は国の
　　　　のものになるのでしょう。独身の資産家は慈善団体や母校に
　　　　寄付しますよね。このようなときに遺言は必要だと思います。

バニー：皆さん、大正解です。遺言書は法定相続分に関係なく、財
　　　　産を残される方の意思によって遺産分割がなされます。です
　　　　ので、例えば、特別にかわいい孫や、身体が不自由な子に多
　　　　めに財産を残したい場合にも遺言書は必要ですね。また、財
　　　　産をあげようと思っていた子供が自分より先に亡くなってし
　　　　まう場合を想定して、子の代わりに財産をもらえる人の指定
　　　　もできます。他はいかがでしょう。

父　　：遺産分割協議をする必要がないってことは、相続人の中に

104

【遺言書のメリット（図表41）】

① 相続人同士がモメることなく相続手続ができる
② 長男の妻や孫、内縁の妻などにも財産をあげることができる
③ 相続人がいない場合、寄付先を指定できる
④ 未成年者が相続人の中にいると相続手続が複雑になるが それが避けられる
⑤ 相続人以外の世話になった人へ財産をあげたいという生前 の意思が反映される

　　　未成年者がいた場合であっても、家庭裁判所での特別代理人
　　の選任は不要だよね。

バニー：そのとおりです！　さすが、お父さん。他にも相続人にな
　　　る人に行方不明者、障害者、認知症患者がいる場合は、遺言
　　　書を作成しておくと、特別代理人や行方不明者の財産管理人
　　　の選任をせずに相続手続を進められるので、相続手続に必要
　　　な時間と費用が節約できますね。

　　　　ただし、特定の相続人の遺留分を侵害するような遺言書を
　　　作成する場合には慎重に検討する必要があります。

父　　：なるほど。ところで、今までの話は全て遺産分割を円満に
　　　トラブルをなくするための対策、いわゆる「分割対策」です
　　　よね。遺言書を書くことによって「節税対策」にはならない
　　　ですか。

バニー：相続税がかかる場合で話をします。被相続人の居住用・事
　　　業用の土地について、一定の割合でその土地の評価を減らす

105

Ⅳ　やっておきたい！　相続対策編

　ことができる特例「小規模宅地等の特例（詳細後述）」、この
特例を使うためには、適用要件を満たす相続人に相続させな
いと税額軽減の適用がありません。遺言書を書かなければ、
当然、遺産分割協議をすることになります。もめてもめて、
結局、税金のことを考えず機械的に法定相続分で分割した場
合、このような特例の要件を満たさない分割になってしまい、
特例の適用を受けられず多額の税金を払うことになってしま
うケースがあります。

　また、配偶者が相続する場合、取得した遺産額が1億6,000
万円もしくは法定相続分相当額のどちらか多いほうまで相続
税がかかりませんでした（「配偶者の税額軽減」）。遺産分割
協議だと、やはり上記のケースと同じ理由で、二次相続も含
めた有利な分割が実現しにくいという問題があるでしょう。

全員　：税金面を考えた遺言書作成をすることで、分割対策だけで
　　　　はなく、節税対策にもつながるということですね。

バニー：そのとおりです。他にも遺言書を作成することにより受け
　　　　られる恩恵は沢山あります。図表42にまとめましたので、
　　　　参考にしてください。

　図表にかかれた「遺言事項」以外に、なぜこのような遺言
を遺すのか、どうしてこのような分割としたのか、相続人へ
の思いや願いなどを書くこともできます（「付言事項」）。法
的な効力はないですが、相続人に対する心理的な影響は小さ
くないと思います。特に偏った財産分割を内容とする遺言を
遺されるのであれば、その理由を明らかにすることは、非常
に有意義だと思います。なお、遺言書は正常な判断能力（意
思能力）を持つ15歳以上の人であれば、誰でも書くことが
できます。

【遺言書でできること（図表 42）】

> 基本的に遺言書には何を書いてもかまいません。
> 但し、書くことで法律上の効力を有するもの（拘束力のあるもの）は限定されています（「遺言事項」）。
>
> （遺言事項の例）
> ① 祭祀継承者の指定
> ② 相続分の指定または委託
> ③ 遺産分割方法の指定または指定の委託
> ④ 最長で5年間の遺産分割の禁止
> ⑤ 特別受益の持ち戻しの免除
> ⑥ 相続人相互間の担保責任の指定
> ⑦ 遺贈
> ⑧ 遺留分減殺方法の指定
> ⑨ 財団法人の設立・財産の拠出
> ⑩ 生命保険受取人の変更
> ⑪ 信託の設定
> ⑫ 認知
> ⑬ 未成年後見人・未成年後見監督人の指定
> ⑭ 相続人の廃除または排除の取り消し
> ⑮ 遺言執行者の指定または指定の委託

ココがまちがいやすい！

このように遺言書を作成することで、分割対策だけでなく、節税対策にも効果的です。遺言書作成にあたっては、適切な分割と節税の両面を考えることが必要になります。事前に相続税の試算と節税のプランニングを専門家に相談することをおすすめします。

IV　やっておきたい！　相続対策編

＜事例＞　遺言書に更に先のことを書いておけばよかった

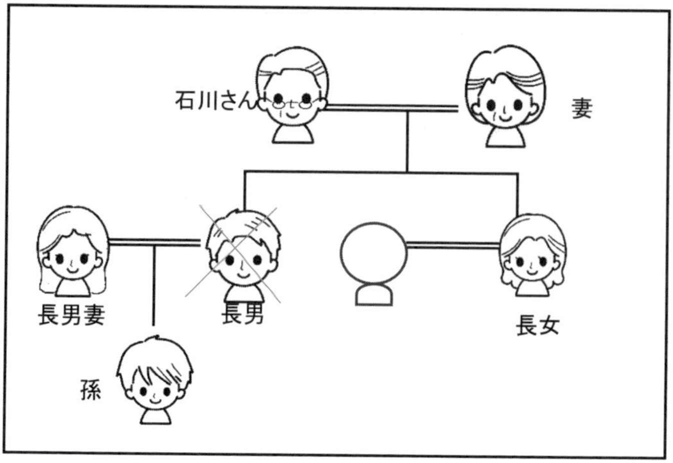

　石川家は当代の石川さんで15代目という旧家で、農業を生業としていました。石川さんには、長男と長女がいました。農家は長男が立派にあとを継いでくれています。長女は昔からわがままな性格な上に浪費家、おまけにギャンブル中毒の夫が家族です。ですので、家の財産は長男に任せたいと思っていました。長男には1人子供がいましたので、これからも長男の一族が石川家を継いでくれればと…。

　最近、自身の体調も優れないこともあり、遺言書を書くことにしました。遺言書の内容は自宅と預金3,000万円を妻に、預金500万円を長女、そして残りの不動産全てを長男に取得させるとものです。遺言書を書き上げ、公証役場で公正証書にした矢先、石川さんは体調を崩し、入院することになりました。

そんな折、長男が交通事故で急死したのです。病室でその知らせ受けた石川さんは、悲しみに暮れ、数日後に病死してしまいました。

遺言者の死亡以前に受遺者が死亡したときは、その遺贈は効力を生じません。遺言は、遺言者の死亡時にその効力が発生するため、遺言の効力発生時に受遺者が存在している必要があるからです。

したがって、石川さんより先に亡くなった長男には、財産を遺言通りにもらう権利はありません。長男が取得するはずであった石川さんの財産の分割について、残りの相続人である石川さんの妻と長女、孫の法定代理人(長男の妻)とで話し合いがなされました。長女は500万円しか取得していないことなど持ち出し、長女の夫まで一緒になって、自分の言い分を主張。結局は法定相続による分割となってしまい、かなりの農地を長女が取得することとなりました。

農業をするはずもない長女は早々に相続した農地を売却、先祖伝来の農地は人手に渡ってしまいました。

どうしても継いで欲しい孫が決まっているのだったら、「長男が遺言者より先に死んだら、孫に相続させる」という文言(「予備的遺言」といいます)を遺言書に加えればこの悲劇は避けられたのですが…。

石川さんよりも後に長男が死亡した場合はどうでしょう？
遺贈が効力を生じた後に受遺者が死亡したことになるため、受遺者の相続人が受遺者の地位を承継します。
つまり、長男は財産を取得する権利を持ち、その権利が長男の相続人（長男の妻と子供）に移るわけです。

Ⅳ　やっておきたい！　相続対策編

2　信託を活用しよう

バニー：相続対策の方法として近年「信託」が注目されています。

父　　：「信託」？　証券会社で売ってる投資信託のこと？

バニー：そうですね。証券会社などで販売している投資信託も信託の１つです。

　　　　もともと信託とは財産の所有者が、信頼できる他人に財産を預け、その管理・運用・処分を任せる制度のことです。

　　　　財産の所有者を「委託者」、委託者から財産の管理・運用・処分を委ねられた人を「受託者」、受託者の行う管理・運用から得られた利益を受け取る人を「受益者」といいます。

父　　：なんだかややこしいですね。その「信託」をどのように相続対策に利用するのですか？

バニー：信託の利用方法は多様にありますが、一般の家庭では、遺言の代わりに信託を利用する方法をご理解いただければ良いと思います。それから、認知症の対策にも利用できますよ。

父　　：なるほど分割対策に利用するのですね。で、認知症の予防にもなると。

バニー：認知症の予防にはなりません。認知症になったときに備えて信託を利用するのです。

父　　：なるほど。具体的にはどのように利用するのでしょうか。

バニー：では、まず遺言の代わりに信託を利用する方法を簡単にご説明します。遺産分割対策として思い浮かぶのはまず先程お話した「遺言」でしょう。「遺言」はとても有効な分割対策なのですが、遺言ではできないこともあります。「信託」ではそこを補うことができるのです。

【アパート所有権移転（図表43）】

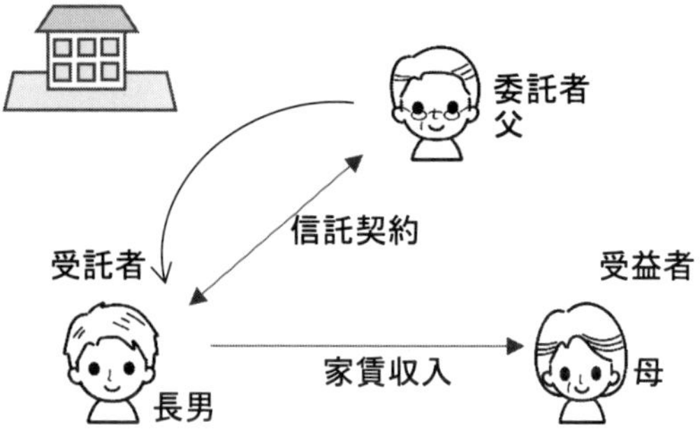

「委託者」とは

・委託者とは、自己の財産を受託者に移転し、信託目的に従い受益者のために受託者にその財産（信託財産）の管理・処分などをさせる者をいいます。自らが受託者や受益者になることもできます。

「受託者」とは

・委託者より移転を受けた信託財産を信託行為の定めに従い、管理または処分等を行う者をいいます。

「受益者」とは

・受益者とは、受託者から信託行為に基づいて信託利益の給付を受ける権利及び受託者を監督する権利(受益権)を有する者をいいます。

※その他

　信託が終了したときに信託された財産を最終的に取得する人を指定できます。

　元の受益者を指定⇒「残余財産受益者」といいます。

　元の受益者以外を指定⇒「残余財産帰属権利者」といいます。

Ⅳ　やっておきたい！　相続対策編

バニー：例えば自宅とアパートを持つ夫が、自分が亡くなった後、
　　　　生活の安定のため不動産の全てを妻に相続させたい。妻が亡
　　　　くなった後は自宅を長女にアパートを長男に相続させたいと
　　　　いった場合。夫が遺言を書いても妻が相続した財産について、
　　　　妻死亡後の承継者の指定はできません。が、信託を使うとそ
　　　　れが可能となります。

　　　　　例えば夫は自分が死んだら妻に受益者の全てを、妻が死ん
　　　　だら長男と長女に、長男、長女が死んだらそれぞれの孫にと
　　　　生前に指定することができるのです。（ただし信託契約の効
　　　　力発生後 30 年経過後の最初の相続まで有効）これを「受益
　　　　者連続型信託」といいます（図表 44）。

父　　：ほう、妻が高齢で遺言を書けない場合や先祖代々の不動産
　　　　を長男の家系に継がせたいといったときに良さそうですね。
　　　　認知症の対策のほうはどうでしょうか。

バニー：高齢の父が相続税対策でマンションの建築や毎年の生前贈
　　　　与を予定している場合など、少し時間をかけた対策を実施す
　　　　る場合があります。

　　　　　そのとき万が一父が認知症などで判断能力（法律的には意
　　　　思能力ともいいますが）、を失ってしまうとマンション建築
　　　　計画の続行や毎年の贈与ができなくなってしまいます。この
　　　　場合、成年後見人を選任することもよいのですが、相続税節
　　　　税のためのマンション建築や贈与は認められない可能性があ
　　　　ります。

　　　　　そこで土地や預貯金を信託してマンション建築や贈与を受
　　　　託者に実行してもらえば問題解決です（図表 45）。

　　　　　委託者の意思能力の有無にかかわらず相続税対策は実行で
　　　　きます。

113

【受益者連続型信託 (図案44)】

経済承受益者 兼 最終承受益者：夫
夫の死亡後：妻
妻の死亡後：長男 (アパート)
長女 (自宅)
長男の死亡後：孫1
長女の死亡後：孫2

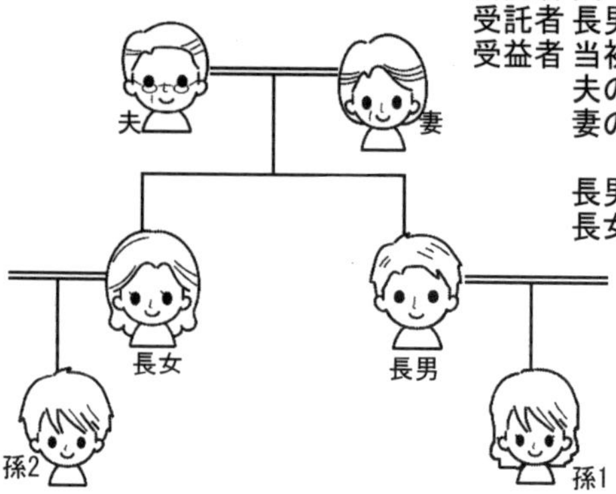

夫 — 妻
 ├ 長男 — 妻
 │ └ 孫1
 └ 長女 — 夫
    └ 孫2

【認知症に備えて (図案45)】

経済承受益者 父
最終承受益者 父

マンション建設予定

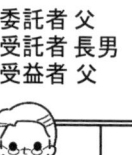

Ⅳ　やっておきたい！　相続対策編

＜事例＞妻に財産を残したいが、その後は自分の甥に

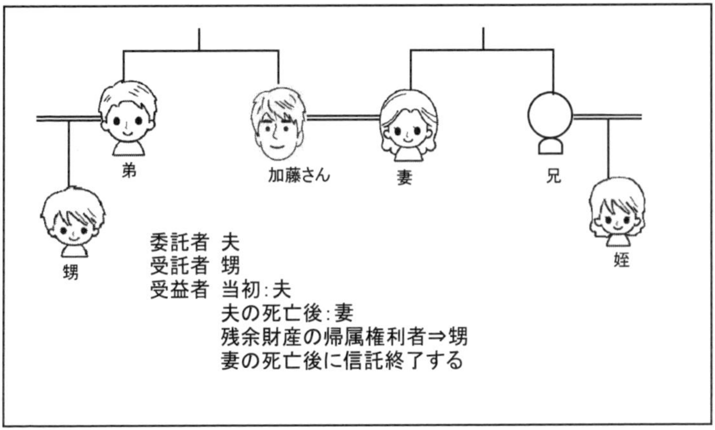

```
委託者　夫
受託者　甥
受益者　当初：夫
　　　　夫の死亡後：妻
　　　　残余財産の帰属権利者⇒甥
　　　　妻の死亡後に信託終了する
```

　一般的な家庭に生まれた加藤さんは、若い頃から一生懸命働き、コツコツと蓄財をして、現在は自宅と賃貸アパートそしてまとまった額の預貯金があります。子共もいないため、全財産を妻に相続させたいのですが、遺言で妻にすべてを相続させると妻の死後は妻の兄又は兄の子共（姪）に加藤さんの財産が相続されることとなります。ですが、できれば血のつながった甥に相続させたいと考えるのは、無理からぬところ。

　妻が遺言を書く方法もありますが、遺言は書換えもできるし、妻も血のつながった姪に財産を残したいと思ってもこれも又当然です。ではどうするのか。

　このケースも前述した受益者連続型信託を使い、残余財産の帰属権利者を甥にしておくことで希望を叶えられます。

114

＜事例＞未成年の孫に財産を残したい（遺言による信託）

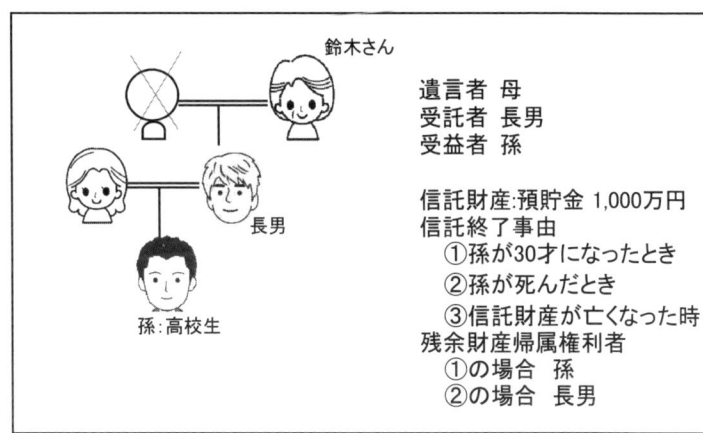

鈴木さん

遺言者　母
受託者　長男
受益者　孫

信託財産:預貯金 1,000万円
信託終了事由
　①孫が30才になったとき
　②孫が死んだとき
　③信託財産が亡くなった時
残余財産帰属権利者
　①の場合　孫
　②の場合　長男

長男

孫:高校生

　長男だけでなく、この春高校生になった可愛い孫にも財産を残してあげたいと考え、遺言を書こうと検討中の鈴木さん。

　ただ、未成年の孫に多額のお金を遺すことに不安もあります。孫が無駄遣いするのではないか、金銭感覚がおかしくなってしまうのではないかなど。

　こんなときは遺言の中に信託を盛り込むことで解決します。遺言の中で信託を設定するものを「遺言信託」といいます。

　信託財産である預貯金は長男の名義で管理されますので、孫の自由にはできません。毎年少しずつ定額を渡す、学費等必要なときには受託者の判断で孫にも渡すという方法をとれば心配はなくなります。また、孫もいつまでも亡くなったおばあちゃんに感謝をしてくれるでしょう。

Ⅳ　やっておきたい！　相続対策編

3　養子縁組をしよう

・・

バニー：養子縁組をして、法定相続人の数を増やすことによって、
　　　　節税が図れます。

父　　：基礎控除額 (3,000 万円＋ 600 万円×法定相続人の数) が
　　　　増えるからということですね。

バニー：そのとおりです！　基礎控除額の拡大の他にも法定相続人
　　　　の数が増えると相続税が安くなるというメリットがあります。
　　　　　他にも次の節税メリットがあります。
　　　　①死亡保険金、死亡退職金などは、500 万円×法定相続人
　　　　　の数の非課税枠が拡大します。
　　　　②相続税は累進課税なので、法定相続人が増えれば、課税財
　　　　　産が分散して、低い税率が適用されます。
　　　　③代襲相続人でない孫養子が相続した場合は、一代飛び越す
　　　　　ができますので、相続を一回少なくすることができます。
　　　　　相続税の 2 割加算がされますが、それを加味してもなお
　　　　節税となる場合があります。
　　　　　特に、養子になったとしても、普通養子の場合は実親、養
　　　　親との両方の相続権をもちますので、その点も心配なさらな
　　　　いで大丈夫です。

母　　：確かに、節税になりますね。だけど我が家の場合だったら、
　　　　孫を養子にするのよね。なんだか節税のために養子にするな
　　　　んて抵抗あるわ。娘の子供を養子にしたら名字が変わるのよ
　　　　ね、うちの姓に変わるのよ。

バニー：そうなんです。どの対策もメリット・デメリットがあるの
　　　　ですよね（図表 46）。

【養子縁組のメリット・デメリット（図表 46）】

メリット	デメリット
相続税節税 養子縁組をする事により、法定相続人の数が増え、相続税計算上次の控除額が拡大する。 ・遺産に係る基礎控除額 ・生命保険金額の非課税金額 ・死亡退職手当金の非課税金額 →　但し逆効果となる場合もある。 相続税は超過累進税率であるため、法定相続分の割合が下がる場合には、相続税の減少に繋がる。 世代飛び越し相続 孫を養子にした場合は、一代飛び越すことができるので、相続を一回少なくすることができる。 登録免許税節税 養子縁組をすることにより、相続人となった者が相続登記をした場合、登録免許税は軽減税率が適用される(1000分の4) 不動産取得税節税 養子縁組をすることにより、相続人となった者が相続登記をした場合の不動産取得税はかからない。	姓が変わってしまう場合がある 養子縁組をすると養父母の姓に変える必要がある。 家族の理解が得られず、トラブルのもととなる 養子縁組を結ぶことにより、養子には実子と同様の権利が生じる（つまり養子にも相続権や遺留分の権利が発生する）。

Ⅳ　やっておきたい！　相続対策編

　　　　養子縁組のデメリットは、おっしゃるとおり、①姓が変わっ
　　　てしまうことです。②相続間で、トラブルを引き起こす場合
　　　が多いです。

　　　　例えば、長男の子供だけを養子にした場合などです。法定
　　　相続人が１人増えて節税にはつながります。が、そのことは
　　　他の相続人の法定相続分が減少することを意味しています。
　　　当然遺留分も減少します。他の兄弟姉妹にとっては面白くな
　　　いかもしれません。

　　　　その後の遺産分割協議がまとまりづらいケースもでてくる
　　　でしょうし、わだかまりが後々まで残ることもあります。

父　　：しかも、まだ子供の孫を養子にするのはどうかな。

バニー：未成年の子が養子縁組をした場合、実父母に代わって養父
　　　母がその子の親権者となります。問題は、養父母が死亡した
　　　場合です。

　　　　例えば、孫が10歳のときに祖父母の養子となり、16歳
　　　のときに祖父母とも死亡してしまった場合は、たとえ実父母
　　　が健在であっても親権者が不在となりますので、その未成年
　　　者のために未成年後見人の選任を家庭裁判所に申し立てる必
　　　要があります。したがって、未成年の孫を養子にする場合は、
　　　実父母を未成年後見人に指定する遺言を作成しておくことを
　　　おすすめします。

母　　：やっぱり、めんどうくさいのね。

バニー：養子縁組の有効性はご家族によってかなり違います。

　　　　再婚して、連れ子さんを養子縁組しなかったばっかりに、
　　　不本意な相続人に財産がいってします可能性もあります。

　　　　また、前述しましたが、養子の人数は、民法上はとくに何
　　　人までという制限はありませんが、相続税の計算では、被相

続人に実子がいる場合は1人まで、被相続人に実子がいない
場合は2人までに制限されています（特別養子縁組の養子を
除く）。この点もご注意ください。

ココがまちがいやすい！

・本文においては、長男の子供だけを養子縁組すると他の相続人の
　法定相続分が減少するのでトラブルの原因と書きましたが、もと
　もと問題のある相続人や財産を相続させたくない相続人の法定相
　続分を減少させるために養子縁組をすることも…。積極的におす
　すめはできませんが。
・養子縁組は家族関係、相続関係、養子の社会生活等様々な影響が
　出ます。節税目的だけで行うのはどうなのでしょう。

Ⅳ　やっておきたい！　相続対策編

＜事例＞養子縁組をしなかったばっかりに

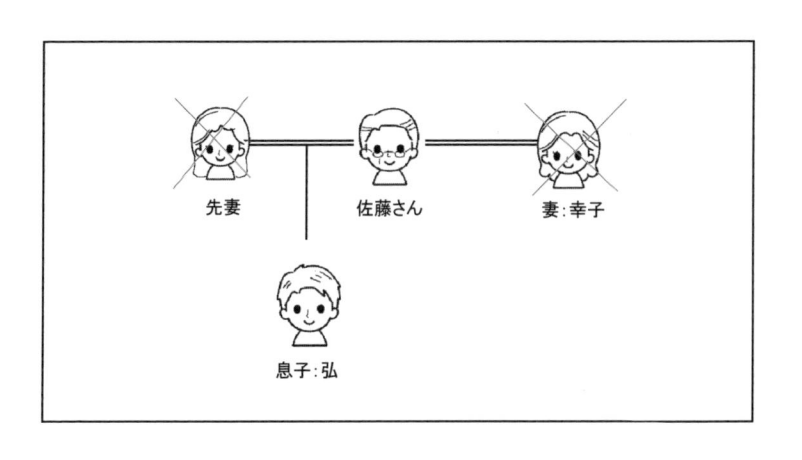

先妻　　佐藤さん　　妻：幸子

息子：弘

　佐藤さんは、小さいながらも会社を経営していました。15年前に妻に先立たれ、その3年後に現在の妻の幸子さんと再婚しました。

　先妻との間に子供の弘さんがいて、将来は弘さんが会社を継いで、家をもり立ててもらいたいと思っています。そう思っていた矢先、佐藤さんは急に仕事場で倒れ、亡くなってしまいました。幸子さんの生活のために自宅や預貯金などの遺産を幸子さんに相続してもらい、弘さんは佐藤さんが経営していた会社の株式を相続しました。

　しかし、その数年後に幸子さんも急死。幸子さんと弘さんは法律上、赤の他人なので佐藤さんが残した屋敷、その他の財産はすべて幸子さんの親族に取られてしまいました。小さい頃から弘さんをかわいがってくれた幸子さん。本当の母のように思っていたので、法律上の関係性などに無頓着でした。養子縁組をして、法律上も親子であればよかったと悔やむ弘さんでした。

120

<事例>養子縁組をしてしまったばっかりに（逆効果のケース）

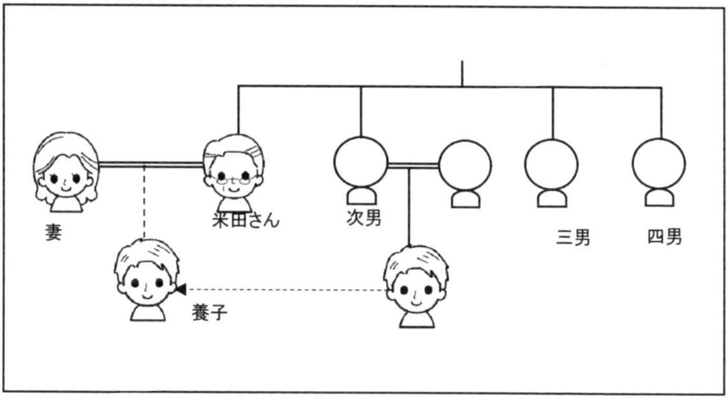

　米田さんには子供がいませんでした。親族は妻と、男ばかりの4人兄弟。米田さんご夫妻は商売で成功し、かなりの遺産がありました。高齢になり、相続税の節税のことを考え、米田さん夫妻はすぐ下の弟の子供と養子縁組をしました。養子縁組をすることによって、法定相続人の数が増え、節税になると思ったのです。

　実際に米田さんが亡くなって、税理士に相続税の計算を依頼したところ、意外なことを言われました。

「養子縁組をしたことで、法定相続人の数が減っています」

養子縁組前：妻＋兄弟3人＝4人

養子縁組後：妻＋養子1人＝2人

　養子は、実子と全く同じ権限を持ちます。養子縁組をすれば、必ず節税になるわけではなく、かえって相続税が増えることになる可能性もありますので、要注意です。

Ⅳ　やっておきたい！　相続対策編

4　生前贈与をしよう
①暦年贈与・相続時精算課税
・・・・・・・・・・・・・・・・・・・・・・・・・・・・・・・

みか　：税法上の2つの贈与制度、これは財産をもらう側が選択
　　　　することができるのだけど、どっちが得なのでしょうか（図
　　　　表47）。

バニー：そもそも贈与税の目的は、仮に生前に全財産を贈与してし
　　　　まえば、相続税がゼロになってしまうものを防ぐためです。

　　　　　また、もし贈与税が相続税よりも安ければ、これまた生前
　　　　に贈与してしまって、相続税をちょっとしか払わなくなる。

　　　　　そのために贈与税率は相続税よりも高い税率を適用してい
　　　　ます。

父　　　：相続税をかける前に、贈与によって財産を減らされては困
　　　　るってわけだな。

バニー：「暦年贈与」の税率は累進課税です。また年110万円の基
　　　　礎控除までは税金がかかりません。このしくみをうまく使っ
　　　　て、贈与する人を増やして、毎年毎年贈与すれば、相続税の
　　　　節税になります。受贈者は誰でもいいし、何人でもいいので
　　　　す。ただし、贈与後3年以内に贈与者が死亡した場合には、
　　　　贈与財産は遺産に含めて相続税を計算しなければいけません
　　　　でしたよね（生前贈与加算）。

　　　　　つまり、直前3年間は110万円の効果はないということ
　　　　です。

父　　　：かかるであろう相続税の税率よりも、暦年贈与でかかる税
　　　　率が低かったら、年110万円以上の贈与を毎年毎年しても
　　　　いいよね。

122

【贈与税課税方式（暦年課税と相続時精算課税）の比較（図表47）】

区分	暦年課税	相続時精算課税 （相続税・贈与税の一体化措置）
贈与者・ 受贈者	親族間のほか第三者から の贈与を含む	60歳以上の者から 20歳以上の推定相続人及び孫 への贈与
選択	不要	必要 （贈与毎,受贈者毎に選択） ⇒一度選択すれば、 　相続時まで継続適用
課税時期	贈与時 （その時点の時価で課税）	贈与時 （その時点の時価で課税）
控除	基礎控除(毎年)：110万円	特別控除：2,500万円 （限度額まで複数回使用可）
税率	10%〜55%の8段階	一律20%
相続時	―――	贈与財産を贈与時の時価で相 続財産に合算（相続税額を超え て納付した贈与税は還付）

（出典：財務省）

母　　：ふーん、誰でもいいし何人でもなんて、使い勝手がいいの
　　　　ね。けど、年110万円ぽっちじゃ不動産なんて、贈与でき
　　　　ないわ。贈与税たくさん取られちゃう。

バニー：そうなんです。そこでもう1つの制度「相続時精算課税」
　　　　の登場です。相続時精算課税制度は、一度でも適用を受けれ

123

IV　やっておきたい！　相続対策編

　ば、同じ贈与者からの贈与は全て精算課税の対象となってしまうというものでした。

　通算 2,500 万円の特別控除枠までは贈与税はかかりませんが、贈与者が死亡したときに、相続財産に精算課税制度でもらった財産を加えないといけません。つまり、相続税がかかるのです。したがって、基本的には相続税の節税となることはありません。

みか　：え、じゃあ何のために存在しているの？　メリットあるの？

バニー：受け継ぐ財産が多くなくて、そもそも相続税がかからない人にとってはメリットだらけです。2,500 万円までは贈与税がかからない、相続発生後に相続財産に加算されたとしても、財産が少ないから相続税もかかりません。つまり、相続まで待たずとも、若い世代に無税で不動産などの大きい財産の移転ができるのです。さらに、その不動産を生前に受贈したとすれば、分割協議の際に優先的に相続できる可能性がありますので、節税にはなりませんが、分割対策として有効です。

父　　：確かに！　自分が生きているときに財産の割り当てが決まるから、「この子にはこの財産を渡したい」なんて場合はいいね。

バニー：相続時精算課税は節税にはならないと申し上げましたが、次の 3 つの限られた場合のみ、その効果も望めます。

　①将来値上がりする財産を贈与する場合。贈与時の価額を相続財産に加算するので、相続時に値上がりしていれば、その分だけ節税できます。

　②収益物件を贈与する場合。収益物件は毎年毎年賃料を生み出します。その将来発生する賃料部分を贈与することになるので、節税になります。

124

③子供の借入金相当額を贈与する場合。子供が贈与を受けて
　　　　返済することで、借入利息負担が軽くなります。

みか　：直接的な節税にはならないけど。うまく使えば、だいぶ相
　　　　続税小さくすることはできますね。けど、逆にデメリットも
　　　　あるでしょ。

バニー：そうなんです。相続時精算課税を選択してデメリットにな
　　　　るのは、次のとおりです。

①将来値下がりする財産を贈与する場合。（上記と逆）

②贈与財産は相続時に小規模宅地等の特例が受けられない
　　　（相続時に小規模宅地等の特例の適用が有利な宅地は、贈
　　　　与を受けないほうが良いです）。

③贈与財産は相続時に物納できない。

④贈与不動産は不動産取得税、登録免許税がかかる。

　　　もう1つ、注意点です。2,500万円の特別控除は期限内申
　　告をすることによって得られるものです。忘れて期限後申告
　　もしくは無申告であるなら、20%課税とペナルティーがか
　　けられてしまいます。

ココがまちがいやすい！

・贈与は税金が高い！　というのは一概には言えません。相続税と
　贈与税の税率を比較して、相続税率＞贈与税率の場合は、生前
　贈与をすることにより、節税につながります。
・相続時精算課税の選択をすると、同一の贈与者からの贈与は全て
　相続時精算課税の対象となります。110万円の基礎控除は使えな
　いため、メリット・デメリットをよく考えて選択することが必要
　です。

Ⅳ　やっておきたい！　相続対策編

＜事例＞生前贈与を積極的に活用して成功！

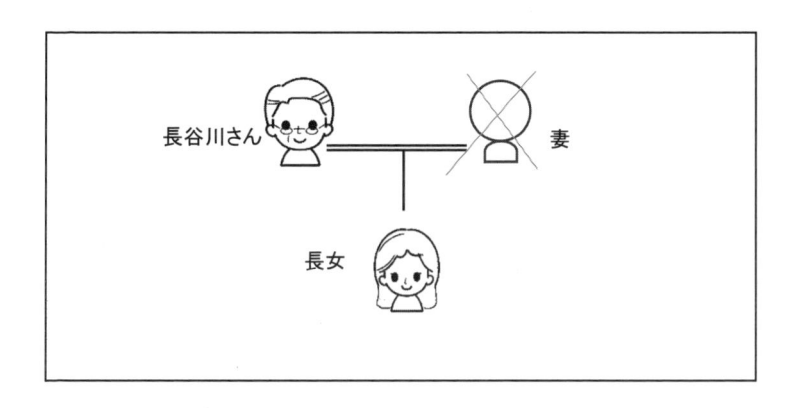

長谷川さん　　　　　　　妻

長女

　長谷川さんは退職後、「相続」を心配していました。

　投資が趣味の長谷川さんは、気がついたら総資産1億4,000万円、内1億円もの預貯金・金融資産を所有していたのです。

　長谷川さんの家族は、数年前に妻を亡くしたため、成人した長女だけです。

　知り合いの税理士に相続税の試算を依頼して、相続税試算額が2,420万円、適用最高税率は30％であることがわかりました。早速、毎年贈与する金額を決めることにしました。

　500万円贈与した場合の実質的な贈与税の税率は、9.7％。

　2,500万円贈与した場合の実質的な贈与税の税率は、32.4％。

　相続税の適用最高税率と贈与税の実質税率を比較すると、500万円の場合は生前贈与したほうが得ということになり、長谷川さんは毎年子供に500万円ずつ贈与することにしました。

＜事例＞あせって相続時精算課税で贈与したが…

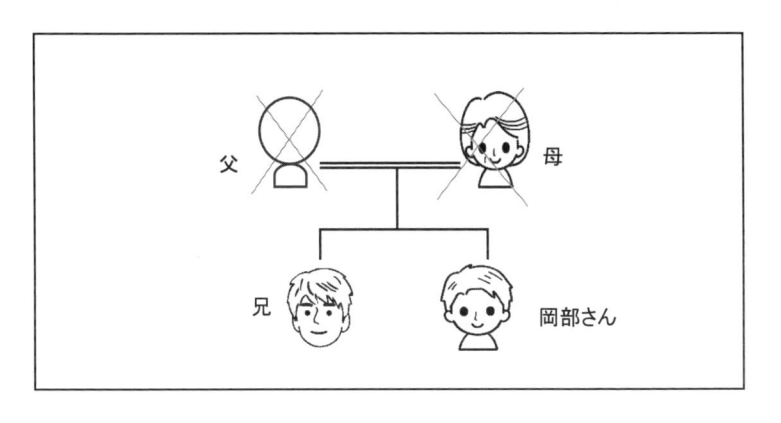

岡部さんは、仲のよくない兄がいました。岡部さんの父親がなくなったときに、兄は長男ということで財産の半分以上を取得しました。母親が仮に亡くなったら、兄は「自分は母親の遺産の半分に権利がある」と主張しそうでした。岡部さんは、母親が存命中に、母親と自分が住んでいる実家を生前贈与してもらおうと思いつきました。兄の性格を知っている母親は岡部さんを不憫に思い、同意してくれました。自宅の評価は3,000万円。相続精算課税を適用し2,500万円の特別控除を使って100万円の贈与税を払いました。

7年後、母が亡くなりました。自宅の評価額は2,700万円。しかし、相続財産に加算するのは贈与時の3,000万円です。しかも、生前贈与された自宅は小規模宅地等の特例が使えず、2,700万円×80％＝2,160万円を相続財産からはずすことができませんでした。

自宅を自分のものにした岡部さんでしたが、税金は多く支払う羽目になりました。

127

Ⅳ　やっておきたい！　相続対策編

4　生前贈与をしよう
②住宅取得等資金の贈与

●●

バニー：これからは、税法上規定されている贈与の特例の話をしま
　　　　すね。まず、両親や祖父母から資金援助を受けて、子がマイ
　　　　ホームを購入・増改築した場合、贈与を受けた子1人につい
　　　　て一定枠（H27年度中は一般住宅1,000万円、優良住宅1,500
　　　　万円）が非課税なのです。贈与税が永久にかからないのです！

みか　：2つの贈与制度と、併用できるの？

バニー：はい、できます。暦年贈与は110万円＋1,000万円（1,500
　　　　万円）＝1,110万円（1,610万円）まで贈与税がかかりません。
　　　　相続時精算課税は、2,500万円＋1,000万円（1,500万円）
　　　　＝3,500万円（4,000万円）まで同じく贈与税がかかりま
　　　　せん。

父　　：すごいな。昔は親に家を建ててもらって、後に相続で受け
　　　　継いだなんてことをしていたんだ。今は贈与税がかかること
　　　　なく、子供のマイホーム資金を一度に出してあげられるんだ
　　　　な。

バニー：そうです！　暦年贈与を選択している場合は、生前贈与加
　　　　算の対象になりません（110万円部分だけが対象）。精算課
　　　　税を選択している場合も、2,500万円＋1,000万円（1,500
　　　　万円）の内、2,500万円だけが相続財産に持ち戻され、相続
　　　　税の対象になります。

母　　：そうすると、節税面でいえば、特にデメリットはないとう
　　　　ことよね。

バニー：そのとおりです。ただし、いくつか注意点があります。

128

【住宅取得等資金に係わる贈与の特例要件（図表48)】

	住宅取得等資金の非課税特例		住宅取得等資金相続時精算課税の特例
贈与者	直系尊属 （年齢制限なし）		父母又は祖父母 （年齢制限なし）
受贈者	20歳以上の直系卑属 （合計所得金額 2,000万円以下）		20歳以上の直系卑属 で推定相続人
非課税限度額 （H27） （※）	優良住宅	一般住宅	特別控除2,500万円
	1,500万円	1,000万円	
贈与対象	受贈者の一定の住宅用家屋の購入・新築・増改築 のための金銭の贈与であること （住宅用家屋と共にその敷地のための土地等を取 得した場合及び土地の先行取得にも適用がある）		
選択手続	贈与を受けた年の翌年3月15日までに申告		
適用期限	平成31年6月30日まで		
相続発生時の 相続財産への 加算	非課税の特例のため 相続財産への加算なし		贈与財産を贈与時の 価額で相続財産に加算

（※）H27年以降の非課税限度額
H28.1～H28.9	優良住宅：	1,200万円	一般住宅：	700万円
H28.10～H29.9	優良住宅：	1,200万円	一般住宅：	700万円
（消費税10%)	（優良住宅：	3,000万円	一般住宅：	2,500万円)
H29.10～H30.9	優良住宅：	1,000万円	一般住宅：	500万円
（消費税10%)	（優良住宅：	1,500万円	一般住宅：	1,000万円)
H30.10～H31.6	優良住宅：	800万円	一般住宅：	300万円
（消費税10%)	（優良住宅：	1,200万円	一般住宅：	700万円)

Ⅳ　やっておきたい！　相続対策編

　　　この贈与は「お金」の贈与（「不動産自体はダメ」）で、か
　つそのお金が確実にマイホームに当てられていることが必要
　です。
　　　例えば、とりあえず本人が自己資金で立て替えて、建築会
　社などへ支払いを済ませ、後で両親から受けた資金で充当し
　ても対象になりません。
　　　また、銀行でローンを組んで、建築会社などに支払いをし、
　その後に両親から贈与を受けたお金を借入金の返済に充てて
　も、やはり対象にはなりません。もちろん、余分に振り込ん
　でもらった場合の残額は一般贈与扱いになりますよ。

父　　：実質的には同じように見えるんだけどなあ。厳しいね。

バニー：そうですね。ですので、贈与の日（現預金の受け渡しの日）、
　　　　建築会社や土地の売主に代金を支払う日（決済日）、ローン
　　　　の実行日（借入金の振り込まれる日）に十分気を付けて資金
　　　　計画を立ててください。

みか　：贈与税の申告は必要ですか。

バニー：たとえ特例適用により贈与税がゼロであったとしても、住
　　　　宅資金贈与の非課税の特例を受ける旨の記載をした申告書を、
　　　　期限内に税務署に提出する必要があります。申告しなければ、
　　　　やはり一般の贈与として扱われ、3年以内に相続が発生すれ
　　　　ば、生前贈与加算の規定を受けてしまいます（相続時精算課
　　　　税適用の贈与も加算の対象）。

　　　他にも細かな条件はあります（図表48、49）。これらの
　条件を全て満たして、初めて住宅取得資金の贈与の非課税枠
　を使うことができます。1つでも条件を満たしていないと非
　課税となりませんので、条件を満たしているかどうかは慎重
　に判断をしましょう。

130

【住宅取得等資金の特例が適用対象となる住宅（図表49）】

	住宅取得等資金の 非課税特例	住宅取得等資金 相続時精算課税の特例
①	国内にある住宅であること	
② ※	贈与を受けた年の翌年の3月15日までに、住宅用の家屋の新築若しくは取得又は増改築等をし、入居すること。または、その後遅滞なく入居することが確実と見込まれること	
③	住宅の床面積の2分の1以上が専ら居住の用に供されるもの	
④	住宅の床面積（登記簿面積）が50㎡以上240㎡以下であるもの	
⑤	中古住宅の場合は、更に以下のいずれかを満たしていることが必要 1)マンションなど耐火建築物は築25年以内、木造などは築20年以内 2)一定の耐震基準をみたすことが建築士等によって証明された住宅	

※ 翌年の年末までに入居しない場合、当制度は適用されず
　修正申告が必要となる

ココがまちがいやすい！

納付する贈与税が算出されないので（0円なので）申告しませんでした、は間違いです。相続時精算課税、住宅取得資金の贈与、後述の贈与税の配偶者控除等を適用する場合には、納税の有無にかかわらず期限内に必ず贈与税の申告をしてください。

Ⅳ　やっておきたい！　相続対策編

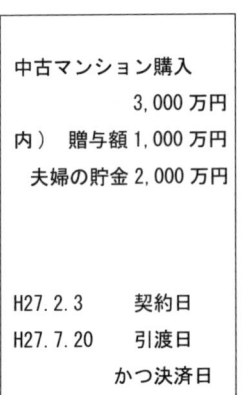

＜事例＞住宅取得資金等の贈与

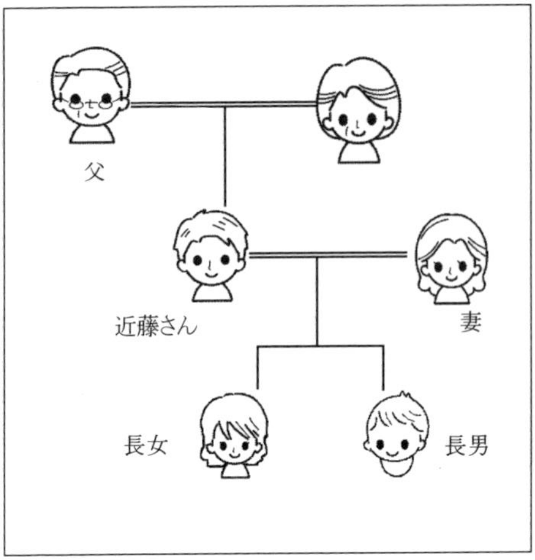

中古マンション購入
　　　　　　　3,000万円
内）贈与額1,000万円
　夫婦の貯金2,000万円

H27.2.3　　契約日
H27.7.20　引渡日
　　　　　かつ決済日
H27.8.20　贈与日

　近藤さんは、マンションを買うことになりました。中古ですが、近所にすてきなマンションを見つけました。近藤さんには、妻と子供がいますが、先日第2子が誕生して、現在住んでいる賃貸アパートが手狭になったからです。

　すると、近藤さんの父親から住宅資金の援助として1,000万円を贈与するとの、ありがたい申し出がありました。早速近藤さんは、「住宅取得等資金の贈与の非課税制度」をとるべく、要件を調べます。

　贈与者は自分の父→OK。受贈者である自分は→38歳、合計所得600万円→OK。取得住宅は、国内に所在、床面積90㎡→OK。引渡し日はH27.7.20→OK。引渡しの3日後に入居予定→OK。H28.3.15までに確定申告する→OK。

完璧でした。早速近藤さんは売買契約書にサインします。

引渡日が近づいてきたある日、近藤さんの父親から連絡が入ります。近藤さんの父親が急きょ入院することになり、7月20日までに近藤さんの口座に1,000万円を入金できないとのこと。近藤さんは考えます。「ちょうど満期を迎える保険がある。とりあえず、それで払おう」。　つまり、近藤さんは自分のお金で立て替えたのです。父親が退院する8月に1,000万円を振り込んでもらうことにしました。

決済日を迎えて、不動産屋で手続を済ませた近藤さん。ほっとして、ふと父親の入院の一件を担当者に話しました。みるみる顔色が変わる担当者。「弊社の顧問税理士にちょっと聞いてみます」。

担当税理士によると、近藤さんの今回の"立替え"によって、住宅取得等資金の贈与の非課税制度の適用を受けられないとのこと。

贈与されたその金銭が住宅購入の支払いに直接あてられる必要があるとのことでした。

愕然とする近藤さん。その税理士のアドバイスにより、住宅取得資金の贈与(非課税)の適用はあきらめ、後日父から贈与される1,000万円は近藤さんの2人の息子に対する教育資金の一括贈与(非課税)(後述)とすることとしました。

とりあえず贈与税の支払いは免れましたが、父親からもらった1,000円は使途が教育関連の費用に限定されてしまいますし、新たな保険に入るための資金であった保険満期金もマンションの購入費用に充ててしまったので、一家の資金計画が大きく狂ってしまいました。

133

Ⅳ　やっておきたい！　相続対策編

4　生前贈与をしよう
③おしどり贈与

●●

母　　：お父さん、"おしどり贈与"って知ってるかしら。生前に
　　　　配偶者にマイホームもしくはマイホーム資金を贈与すれば、
　　　　贈与税がかからないのですって。

父　　：母さんは、いつも自分に直接関わってくる話は詳しいな。

バニー：「贈与税の配偶者控除」ですね。20年以上連れ添った夫婦
　　　　だったら、夫が妻に妻が夫に、自宅やその購入資金を贈与し
　　　　ても、贈与税は非課税です（図表50）。まさに"おしどり贈与"
　　　　ですね。具体的には、その自宅の敷地や建物の一部（共有持
　　　　分）を配偶者に贈与することが一般的です。

　　　　　新たにマイホームを購入する場合や、買い替える場合であ
　　　　れば、不動産自体の贈与ではなく、購入資金の一部を妻に贈
　　　　与して、購入当初から妻との共有名義で自宅を取得する方法
　　　　もあります。非課税額は2,000万円までが上限となります
　　　　が、暦年贈与の基礎控除額110万円と併用できるので、最
　　　　大2,110万円まで非課税枠があります。

母　　：この特例の適用を受けるためには、税金がゼロでも贈与税
　　　　の申告の必要はあるんですよね。

バニー：そのとおり！　たとえ2,110万円以内であったとしても
　　　　税金ゼロの申告を期限内にする必要があります。申告しなけ
　　　　れば、一般の贈与として扱われ、贈与税がかかり、したがっ
　　　　て3年以内に相続が発生すれば、生前贈与加算の規定を受
　　　　けてしまいます。

父　　：「住宅取得資金等の贈与」と同じですね。

【贈与税の配偶者控除の適用要件（図表50）】

① 婚姻期間が20年以上にわたる配偶者間の贈与であること
② 贈与された財産が居住用不動産又は居住用不動産を取得するための金銭であること
③ 贈与された年の翌年の3月15日までに、贈与された居住用不動産又は贈与された金銭で取得した居住用不動産に居住し、かつ、その後も引き続き居住する見込みであること
④ 土地または借地権の贈与の場合、家屋の所有者が配偶者、もしくは同居している親族であること
⑤ 同じ配偶者から過去にこの特例の適用を受けていないこと

みか　：この制度もメリット、デメリットがあるんでしょうか。

バニー：そうですね。この特例の贈与は生前贈与加算の対象にならなりませんから、確かに相続対策として有効な手段です。また、妻に不動産を移すことによって、夫の相続のときに相続税の基礎控除額を下回り相続税の申告が不要となる場合が、最も節税効果が期待できるケースでしょう。

　　　　さらに、相続財産をご夫婦で分散することができる（この場合、夫婦間相続はしない）ので、相続税の基礎控除が２回使えたり、低い相続税率が適用されたりと、相続税の節税につながる場合もあります。

　　　　一方デメリットとしては、かなりの額の諸経費がかかる場合があることです。妻への贈与対象が住宅資金でなく住宅そ

135

のもの（不動産）である場合を考えてみます。不動産の相続税評価額は実際の時価よりも低いのが普通なので、資金で贈与する場合よりも有利ですが、一方で不動産を取得するので「不動産取得税」「登録免許税」が妻に課税されます。その税額は仮に「相続」で奥様がこの家を取得した際に課税される税率よりも高いのです。

また、場合によっては測量や分筆が必要になりますので、その費用も馬鹿になりません。

父　　：なるほど。相続税だけでなく、全ての費用を考えて、現金か不動産か、または贈与するべきか否かを決める必要があるんですね。

バニー：そうです。おまけに、相続税の規定で「小規模宅地等の特例（詳細後述）」が自宅で使える場合、贈与せずに、相続まで待ってこの特例を使ったほうが有利である場合もあります。

みか　：生前贈与か相続まで待つか、必ず有利不利の試算をして、判断する必要があるということですね。

バニー：はい、そのとおりです。この制度は贈与者が先になくなることを想定しています。

したがって財産をもらった妻が先になくなったケースや、そもそも相続税がかからない場合は意味がありません。また親から子への移転ではないので、配偶者の財産が増えるため、二次相続時の相続税が増える可能性もありますね。

母　　：なるほどね、本当に配偶者への生前贈与が必要かを、慎重に判断しないといけないってわけね。はしゃぎすぎたわ。

ココがまちがいやすい！

・相続税の節税効果については慎重な検討を要します。
　不動産取得税、登録免許税、測量・分筆費用を見込んだ試算
　が必要となります。
　小規模宅地等の特例を受ける場合には思ったほどの節税効果
　がでないこともあるので要注意です！
・確かに相続税の節税効果があまり大きくないこともあります。
　でも、
　①今までの妻の苦労に報いるために贈与する。
　②将来売却したときに譲渡所得税の計算において居住用の特
　例を夫婦2人で使えるようにする。
　という相続税の節税以外の理由でこの制度を利用される方も
　いらっしゃいます。愛情を表現するための贈与もいいのでは
　と思います。

Ⅳ　やっておきたい！　相続対策編

<事例>妻のために自宅を贈与したのに

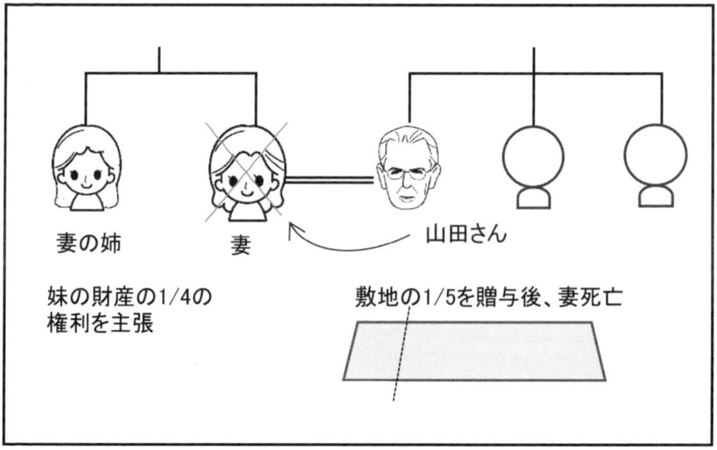

妻の姉　　　　　妻　　　　　　山田さん

妹の財産の1/4の
権利を主張

敷地の1/5を贈与後、妻死亡

　山田さんは、30数年連れ添った妻と2人暮らし。

　妻は専業主婦で子供はいません。愛妻家の山田さんは自分が亡くなった後、1人になった妻が安心して暮らせるようにと考えていました。

　山田さんには2人の兄弟がいるので妻が全財産を相続できるように遺言を書きました。そんな折知ったのが贈与税の配偶者控除の特例。

　結婚20年以上の夫婦なら居住用不動産を贈与する場合は、2,000万円を無税で贈与できるのです。即実行し、自宅敷地5分の1を妻に贈与し、登記も無事に済ませました。

　ところが、予想外のことが起こったのです。妻が突然亡くなってしまったのです。

すっかり気落ちしている山田さんに追い打ちをかけるように、妻の姉が切り出しました。妹の遺産の4分の1は自分にも相続する権利があると…。

妻の遺産と言えば、先だって贈与した自宅敷地の5分の1です。

その4分の1つまり土地全体の20分の1が妻の姉に渡ることになります。自宅が妻の親族とはいえ、赤の他人と共有になるなんて、ぞっとします。

結局、20分の1にあたる500万円を現金で支払うことで話は決着しました。

自分が先に亡くなるものと思い込んでいた山田さん。反対のことが起こらないとは限りません。贈与と同時に妻にも遺言をかいてもらう等、対策が必要でした。

日本では、一般的に男性が先に亡くなるという前提で、妻に対しての相続をする場合が多いとも言われていますが、万が一妻が先に亡くなった場合、事前に配偶者控除を利用していると損をすることがあります。

特に子供がおらず、先に配偶者控除で自宅を妻に贈与していた場合、妻が先に亡くなると妻の兄弟姉妹にも遺産の4分の1を相続する権利があります。

男性が先に亡くなるということだけを考えて、贈与や相続対策を行っていると、思わぬ事態が起こることがありますので、注意をしてください！

IV やっておきたい！ 相続対策編

4 生前贈与をしよう
④教育資金、結婚・子育て資金の一括贈与

・・

バニー：子や孫へ教育資金を贈与する場合、1,500万円までなら非
　　　　課税となる制度です。

父　　：信託銀行の店頭でパンフレットをみました。すごい人気だっ
　　　　て、行員さんが言っていました。

バニー：そうなんです。平成27年4月1日から「結婚・子育て資
　　　　金の一括贈与制度」もできました。これは、子や孫へ結婚・
　　　　子育て資金を贈与する場合、1,000万円まで（結婚資金のみ
　　　　なら300万円まで）非課税となる制度です（図表51）。

みか　：これらも、暦年贈与や相続税精算課税と併用できるのです
　　　　か。要件は？

バニー：はい、できます。要件は細かいので後で確認するとして、
　　　　早速メリット・デメリットを説明しますね。まず、メリット
　　　　は主に次の2つにまとめられます。

　　　　①暦年贈与であっても、相続税精算課税であっても、贈与し
　　　　た人に相続が発生した場合、相続財産には加算されません。

　　　　②2つの贈与制度と併用可能なので、暦年贈与の場合は別
　　　　途基礎控除110万円までの贈与は、贈与税はかかりませ
　　　　ん。同じく相続税精算課税の場合は2,500万円まで特別
　　　　控除枠が使えます。

みか　：もらった贈与資金を教育資金や結婚・子育て資金に使い切
　　　　れなかったらどうなるのですか。やっぱり住宅資金の贈与と
　　　　同じで、贈与税がかかるのですか。

バニー：そうです。デメリットとしては、次のものがあげられます。

140

【教育資金の一括贈与と結婚・子育て資金の一括贈与比較表（図表 51）】

項目	教育資金の一括贈与	結婚・子育て資金の一括贈与
贈与者	両親・祖父母等	
受贈者	30歳未満の子・孫	20歳以上50歳未満の子・孫
資金使途	・学校等に対して直接支払われる金銭 ・学校等以外に対して直接支払われる一定の金銭で社会通念上相当と認められるもの ・通学定期代、留学渡航費	・結婚に際して支出する婚礼（結婚披露を含む）に要する費用、住居に要する費用 ・妊娠に要する費用、出産に要する費用、子の医療費及び子の保育料のうち一定のもの
非課税限度額	受贈者1人につき1,500万円	受贈者1人につき1,000万円
期限	平成25年4月1日～平成31年3月31日	平成27年4月1日～平成31年3月31日
契約が終了した場合(1)	受贈者が30歳に達した時契約終了 ↓ 使い残し資金に贈与税がかかる	受贈者が50歳に達した時契約終了 ↓ 使い残し資金に贈与税がかかる
契約が終了した場合(2)	受贈者が死亡した時契約終了 ↓ 使い残し資金に贈与税はかからない	
(契約終了時までに)贈与者死亡した場合	相続税はかからない	使い残し資金については、みなし相続財産として相続税がかかる （但し、孫への2割加算はなし）

①受贈者が30歳（結婚・子育て資金は50歳）に達した場合、使い残しの部分は贈与者から贈与があったとして贈与税が課税されます。また、30歳（50歳）前に贈与者が死亡すれば、被相続人からではなく"架空の個人"からの贈与とみなされ、相続税精算課税選択者でも暦年贈与として課税されます。それに関連して、「教育資金の贈与」は残額部分については生前贈与加算の対象にならないのに対し、「結婚・子育て資金の贈与」の場合、残額部分はみなし相続財産として相続税がかかってしまいます（相続税の2割加算はありません）。

②贈与した使途内容が「教育資金」「結婚子育て資金」であることを証明するため、金融機関へ都度、領収書を提出するなどの手間が生じるなど、手続が非常に煩雑です。

③一切の取り消しはできません。

④あとは心理的な問題。一度に渡すと、そのときは子や孫に感謝されますが、時間が経つとその気持ちも薄れてきます。

なので、都度渡したほうがいいなんてこともあります。

母　　：そうよねえ。もともと学費や結婚資金、出産育児資金は、必要となる都度、子や孫に贈与する場合には贈与税がかからないですよね。なんか、メリット感じないわ。

バニー：死期が近づいていて、一括して早く贈与したいなんてときは、相続税対策としては、メリットありますよ。子や孫が3人いれば、1,500 × 3人＝ 4,500万円まで一気に相続財産からはずせます。

母　　：あー、そうか。短期決戦の節税対策としては効果抜群ね。

父　　：えーと、贈与税の特例は全て確定申告することが、適用条件だったですよね。

ということは今回も必要なんですよね、やっぱり。

バニー：必要です。受贈者は税務署へ「教育資金（結婚・子育て資金）非課税申告書」を提出する必要がありますが、申告書の提出も金融機関がやってくれますよ。ご安心ください。

ココがまちがいやすい！

とびつかないように、よく考えて!!

・取消はできません！

・贈与を受けた人が30歳（50歳）になった時点で使い切れず残った分は贈与税の対象になります。

・相続税の節税対策はそもそも不要だった

　相続税増税を見越して、教育資金（結婚・子育て資金）贈与を利用したが、冷静に計算すれば、そもそも相続税の心配はなかった、ということもあります。相続税の試算を行った上で判断することをおすすめいたします。

・その都度贈与で十分だった

　元来、子や孫に対する教育資金（結婚・子育て資金）をその都度出してあげた場合には、贈与税はかかりません。

例えば、お孫さんが受験合格の報告に来たときに「おめでとう。入学金は私が出してあげるからしっかり勉強してね」と、学費を負担してあげると贈与税はかからないわけです。

143

Ⅳ　やっておきたい！　相続対策編

＜事例＞孫のためにと…

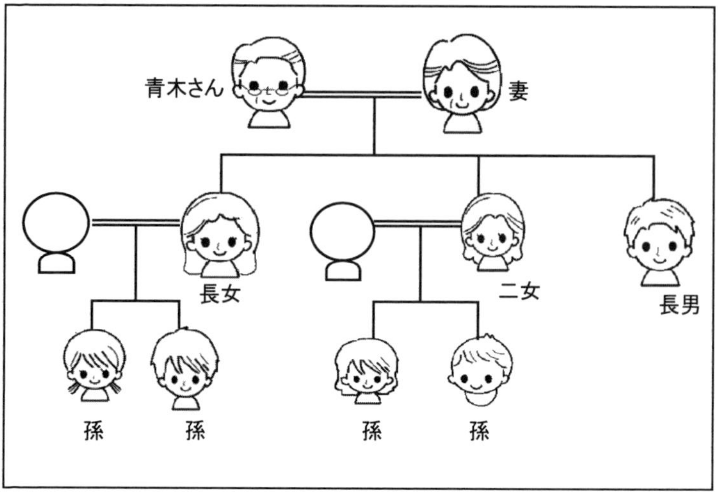

　青木さんご夫妻には、4人の孫がいました。

　4人の孫の親である2人の娘にせがまれて、教育資金の一括贈与の制度を使用して、この1年間で孫1人あたり1,000万円近くの贈与をしました。

　「非課税だから」という娘たちの言葉で、孫かわいさに、ついついせがまれるままに贈与してしまった青木さんご夫妻。気がついたら、自分たちが老人ホームに入居する資金が足りなくなってしまっていました。教育資金の一括贈与は、一旦贈与してしまうと、取り消すこともできません。

　青木さんには、もう1人、一番下に息子がいました。その子が独身でしたので、姉たちがそれぞれ2人×1,000万円＝2,000万円

ずつ贈与を受けたと知って、「自分は将来、遺産のほとんどをもらう権利がある！」と騒ぎはじめてしまいました。自分だけが無視されたみたいで悔しかったのでしょう。親戚一同で集まってもなんとなくギクシャクした雰囲気です。

　おまけに、肝心の娘たちですが、当初は「お父さんありがとう！」と感謝の気持ちを表してくれていたのですが、1年経った今では、滅多に顔もみせません。孫にも喜んでもらいたかったけれど、孫はまだ小さくて状況はわかっていません。

　「そもそも、年110万円のその都度の贈与で充分ではなかったか」とため息がでます。

　「非課税」ということばに踊らされて、むやみに贈与しなければよかったと思う青木さん夫妻でした。

　できるだけ相続税の節税をしたい。誰でも思っていることです。

　しかし、相続税の節税を究極の目的としてしまうと、後々問題が生じる場合があります。今回のケースもそういった部分があるかもしれません。

　節税対策はまず、自分や配偶者の幸せを、さらに他の相続人の幸せを確保してから行うべきものです。

　逆説的ですが、結果として高い相続税を払っても皆が幸せであれば、何の問題もありません。

IV　やっておきたい！　相続対策編

4　生前贈与をしよう
⑤国外財産の贈与

・・・

母　　：日本の相続税は高いね。お父さん位の財産だったら、まだ
　　　　いいけど、資産家さんは大変よね。

父　　：…

みか　：そうだよね、世界には相続税も贈与税もない国もあるのに。
　　　　香港やシンガポール、ニュージーランドなんてそうらしいよ。

バニー：相続又は遺贈、贈与によって財産を取得した個人で、その
　　　　取得時に日本に住所がある場合は、国内・国外の財産の両方
　　　　が相続税・贈与税の対象となるんです。

　　　　　また、大前提ですが、いかなるケース（例えば贈与者・受
　　　　贈者の両方が外国人で海外に居住）だとしても、日本国内の
　　　　財産を相続・贈与した場合には、日本の相続税・贈与税がか
　　　　かります（図表52）。

みか　：じゃあ、事前にお父さんの財産を海外に移してもらえばい
　　　　いんですね。そして、私が海外に住んで、相続・贈与しても
　　　　らったら、日本の相続税も贈与税もかからないんじゃない。

バニー：うーん、残念。長いこと海外に住んでいたとしても、みか
　　　　さんが日本国籍である以上は、日本に住まわれているご両親
　　　　からの国外財産の相続・贈与は、日本の相続・贈与税が課税
　　　　されてしまうのです。

父　　：国籍か。

みか　：私がニュージーランド人と国際結婚して、ニュージーラン
　　　　ドで出産して、ニュージーランド国籍を持った子供が、あら
　　　　かじめニュージーランドに移しておいたお父さんの財産を、

146

【国籍、居住地と相続税（図表52）】

相続人・受贈者　　被相続人・贈与者	国内に住所あり	国内に住所なし		
		日本国籍あり		日本国籍なし
		国外居住5年以下	国外居住5年超	
国内に住所あり	国内財産・国外財産とも課税			
国内に住所なし　国外居住5年以下	国内財産・国外財産とも課税			
国内に住所なし　国外居住5年超	国内財産・国外財産とも課税			国内財産のみ課税

（出典：財務省）

　　　　ニュージーランドで相続なり贈与させたら、日本の相続・贈
　　　　与税ともかからないわ！　もちろん、ニュージーランドは、
　　　　自国の相続・贈与税ともそもそもかからないから心配ないし。
母　　：みかちゃん、考えたわね。けど、国際結婚は反対よ。
みか　：うふふ。
バニー：またまた、残念！　確かに、かつては、日本国籍を有さな
　　　　い子供や孫への相続・贈与について、国外財産に限り日本の
　　　　相続税・贈与税が課されないので、その点をついたタックス
　　　　プランニングがよく行われていたんです。
　　　　そこで、平成25年度税制改正で、このスキームを封じ込

147

IV やっておきたい！ 相続対策編

める改正案ができました。

　具体的には、ご両親が日本に住んでいれば、たとえ子供が外国籍であろうと、国内国外の財産全てに日本の相続税・贈与税がかかります。

父　　：親が日本に住んでいてはだめなのか。せっかく財産を海外に移して、子供も日本国籍じゃないのに!?

バニー：国外にある財産に対して、日本の相続税・贈与税が一切かからないケースは、次の2つのパターンです。

　　　　①親が海外に移住し、親も子（日本国籍でOK）も共に5年以上海外に住んでいる場合

　　　　②親が海外に移住し、外国籍をもつ子供が海外に住んでいる場合

母　　：親が海外に移住ってハードル高いわ。なかなか実行できないわよ。

みか　：海外ならどこでもいいってわけじゃないじゃない。だって、相続税・贈与税がかかる国だったら、日本と同じように、その国の相続税・贈与税がかかるんだから。

父　　：家族全員、海外移住しないと無理だね。

バニー：そうですね、昔と違って、財産を相続税・贈与税がかからない国に持ち出せば、という節税スキームはかなり困難といえますね。

　ちなみに、その財産が国内財産か国外財産かの判別として、財産ごとに所在地が定められています。参考にしてください（図表53）。

【財産別所在地の判定（図表 53）】

区　分	暦 年 課 税
動産、不動産等	その動産又は不動産等の所在
船舶、航空機	登録をした機関の所在
鉱業権、租鉱権、採石権	鉱区、採石場の所在
預貯金	預入れをした支店・営業所の所在
投資信託・貸付信託	引受をした営業所（又はその所在）
社債・株式等の有価証券	発行法人等の本店の所在
保険金	保険会社等の本店の所在
退職手当金、功労金等	支払った者の住所（又は本店の所在）
貸付金債権	債務者の住所（又は本店の所在）
売掛金	被相続人の営業所（又は事業所の所在）
その他の財産	被相続人の住所

ココがまちがいやすい！

・国内財産の相続・贈与は、いかなるケースでも日本で相続・贈与
がかかってしまいます。

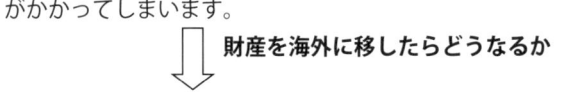

財産を海外に移したらどうなるか

・国外財産の相続・贈与も、親が日本に住んでいる限り、いかなる
ケースでも日本で相続・贈与がかかります

Ⅳ　やっておきたい！　相続対策編

＜事例＞海外の財産なのに、日本の贈与税 ⁉

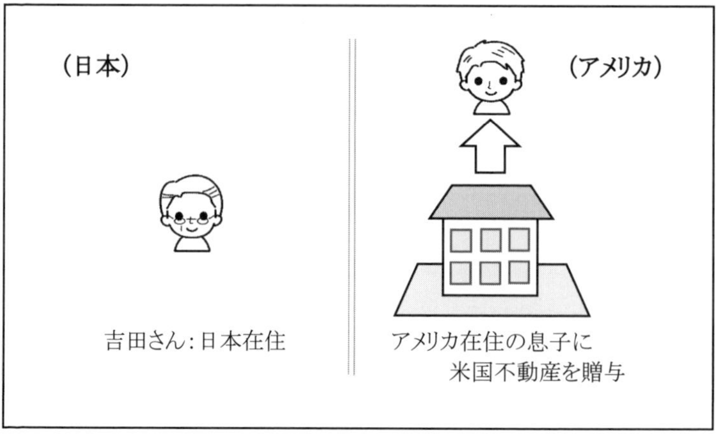

（日本）　　　　　　　　　　　　（アメリカ）

吉田さん：日本在住　　　アメリカ在住の息子に
　　　　　　　　　　　　　米国不動産を贈与

　吉田さんは 20 年前、駐在員としてアメリカに暮らしていました。
　アメリカ駐在時代に現地に不動産を購入し、以来ずっと毎年賃料
を得ていました。吉田さんには、アメリカに留学中の長男がいて、
その長男を援助したいと思い、その不動産を長男に贈与することに
しました。アメリカの贈与税は、日本とは真逆で、贈与する人に税
金がかかります。贈与者である吉田さんがアメリカの贈与税を負担
すれば、長男に迷惑はかかりません。
　また、長男も海外に長いこと住んでいるので、国外財産を贈与し
ても、日本の贈与税がかからないと思ったのです。
　実際は、長男にも日本の贈与税がかかってしまいました。長男に
日本での贈与税をかからなくするには、吉田さんも海外に長いこと
住む必要がありました。もちろん、吉田さんはアメリカの贈与税を
払うので二重課税となり、外国税額控除を利用しました。

150

＜事例＞海外に住んでいるのに、日本の贈与税 !?

（日本）　　　　　　　　　　　　　　　（フランス）

日本の不動産を娘に贈与　　　　　岡田さん母娘：フランス在住

　岡田さん親子は、10 年前からフランスに住んでいます。シング
ルマザーであった岡田さんは、一念発起、現地で小さい洋菓子のお
店を出したところ大当たり。1 人娘さんも新人パティシェとしてよ
く働き、岡田さんを助けていました。

　この度、1 人娘さんが結婚することになり、岡田さんはプレゼン
トとして、岡田さんの父から受け継いだ、日本にある貸しマンショ
ンを娘さんに贈与することに決めました。フランスでの贈与税はと
もかく、長年、日本を離れていた岡田さん親子にとって、日本で払
う贈与税については考えもしませんでした。結局、岡田さんの娘さ
んには、日本の贈与税が課せられました。贈与者・受贈者とも長い
こと日本を離れていたとしても、日本にある財産が贈与されれば、
日本の贈与税がかかってしまいます。これは、贈与者・受贈者の国
籍や住所など全く関係なく、いかなる場合でもです。

Ⅳ　やっておきたい！　相続対策編

5　「生命保険」は万能選手

・・・・・・・・・・・・・・・・・・・・・・・・・・・・・・・・・・・・

バニー：まさかのときに備えて生命保険に加入されている人は多い
　　　　と思います。生命保険は、相続対策の全ての局面（節税・分
　　　　割・納税対策）においてとても有効なのです（図表54）。

父　　：お父さんが生命保険に加入するとき、保障はもちろん、節
　　　　税対策にもなりますといわれたよ。

バニー：まず生命保険金はみなし相続財産として相続税がかかりま
　　　　すが、500万円×法定相続人の数までは非課税となります。
　　　　　高齢（80 〜 85歳位）でも加入できる終身保険もありま
　　　　すね。ただしその大半が「一時払い終身保険」で保険料に対
　　　　してほとんど上乗せがなく、例えば1,000万円の保険料で
　　　　1,000万円の保険金が支払われるような商品がほとんどです。
　　　　　しかし、相続人が２人いれば、非課税枠が1,000万円（500
　　　　万円×２人）ですから、節税という面でいえば大変有効な
　　　　商品といえますね。

みか　：節税対策としては、即効性がありますね！

バニー：そうですね、現金を寝かせておくのでしたら、いいですよ
　　　　ね。また、生命保険は生前に受取人を指定しておけば、受取
　　　　人の固有の財産であることから分割の対象とならず、また、
　　　　相続人でない孫等に財産を渡せるので、遺言書と同じ効果を
　　　　もたせることができます。遺留分減殺請求の対象にもなりま
　　　　せんし、生命保険の受取人が相続人でない場合には，特別受
　　　　益となることもないです。

父　　：確かに！　分割対策にも非常に効果的ってことだね。それ
　　　　に分割協議もなしに、すぐにお金がもらえるからいいよね。

バニー：そのとおりです！　遺族に保険金が現金で入るため、納税
　　　　資金が確保できます。また、被相続人の財産が借金ばかりで、
　　　　相続人の方が相続放棄した場合も（相続放棄しているので相
　　　　続人ではないことから500万円の非課税枠が使えませんが）
　　　　固有の財産であるという性質上、生命保険金をもらうことが
　　　　できます！　むろん、生命保険金に関しての相続税は払うこ
　　　　とになりますけど。

みか　：まさに、相続対策のデパートね。保険金の受取人を指定し
　　　　ない場合はどうなるのかしら。

バニー：受取人を被相続人ご自身などにしている場合は、相続財産
　　　　になりますので、分割の対象となります。相続財産に現金が
　　　　加わるので、分けやすくなるという利点もあります。
　　　　　生命保険は契約形態でかかる税金がかわってきます。そこ
　　　　を利用して、保険料を子供や孫に毎年贈与する方法もありま
　　　　す。保険料の贈与者である父を被保険者、子を契約者と受取
　　　　人にします。父が亡くなれば、子は保険金をもらい（一時払
　　　　いを選択）、所得税（一時所得）がかかります。毎年の保険料
　　　　は贈与税の基礎控除額年110万円を利用すればいいですし、
　　　　一時所得は通常の2分の1程度の税金で済みます。相続税と
　　　　一時所得による所得税を比較して、有利であれば、保険料を
　　　　贈与する方法を検討してみてください（図表55）。

父　　：保険料なんだけど、子供や孫の代わりに、親が保険会社に
　　　　直接払ってはダメなの？

バニー：ダメです。子供名義で生命保険に加入したけど、実質的に
　　　　保険料を支払っていたのは父親であった場合、贈与はなかっ
　　　　たものとみなされてしまう可能性があるからです。

Ⅳ　やっておきたい！　相続対策編

　　　　　　必ず、保険料相当の現金を贈与して、子供に直接保険会社
　　　　　へ払わせてください。

母　　：保険料の贈与ってことは、他の生前贈与と同じように、他
　　　　の相続人には知られずに、財産を渡せるってことよね。だっ
　　　　て、生命保険金は非課税枠があるけど、相続税がかかるから
　　　　相続税申告のときに、他の相続人に自分がもらう生命保険金
　　　　の金額がわかっちゃうわよね。だけど、これは当事者しかわ
　　　　からないわよね。

バニー：そうなんです！　生前贈与と同じで、他の相続人に秘密に
　　　　しようと思えば秘密にできます。これも利点の１つです。

　　　　　更に生前贈与より優れている点もあります。実際にお金を
　　　　手にするのは被保険者である贈与者が亡くなったときなので、
　　　　子供や孫が貯蓄をせず無駄遣いを防ぐ機能もありますね。

　　　　　このように万能な生命保険ですが、高額ですし、解約する
　　　　と場合によっては損をしてしまいます。くれぐれも老後の蓄
　　　　えを考えて活用してくださいね。

父母　：それ大事！

【生命保険のメリット（図表54）】

① 非課税枠の活用による節税
② 遺産分割を円満に行える
③ 相続人の財産なので、分割の対象にならない
④ 相続人の財産なので、借金だらけで相続放棄しても受け取れる
⑤ 孫を受取人にもできるので、相続を一代飛ばせる
⑥ 納税資金などまとまった現金をすぐに調達できる

【生命保険金は契約形態で税金がかわります（図表55）】

＜被保険者が亡くなった場合の受取人の税金＞

※ 被相続人の相続人は配偶者、子

	契約者	被保険者	受取人	受取人にかかる税金
死亡保険金	父	父	母	相続税（非課税枠OK）
	父	父	孫	相続税（非課税枠NG）
	子	父	子	所得税 （一時金として受けとった場合一時所得） （年金として受けとった場合雑所得）
	父	母	娘	贈与税

＜契約者が亡くなった場合の保険契約承継人の税金＞

※ 契約者の相続人は配偶者、子

	契約者	被保険者	受取人	契約承継人にかかる税金
生命保険契約	父	母	父 （死後は相続人）	「生命保険契約に関する権利」 に対し、相続人に相続税

ココがまちがいやすい！

・このように生命保険はまさに相続対策の万能選手です。
ただし、高齢者の保険料は高額になりますので、支払いが厳しくて生活を圧迫するといったことは本末転倒です。

・保険料の生前贈与をした場合、受け取った生命保険金は子供の所得税の対象になります。所得税は累進課税（所得が多いほど税率が上がっていく仕組み）ですので、子供の所得が高い場合には要注意です。

Ⅳ　やっておきたい！　相続対策編

＜事例＞保険料の贈与を成功させよう

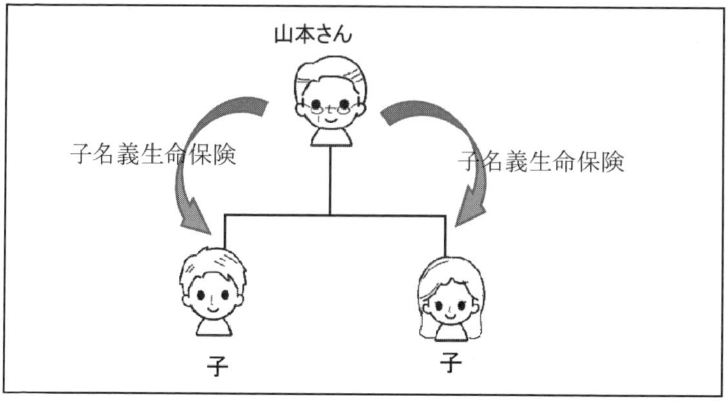

山本さん

子名義生命保険

子名義生命保険

子

子

　資産家の山本さんは万が一のときのために、子供たちに生前贈与をすることを思いつきました。子供たちは成人しているとはいえ、まだ大学生です。生前贈与した大切なお金を、浪費してしまうかもしれません。そこで、現金を直接贈与する代わりに、子供たちに保険料相当額を贈与して、子供達を契約者と受取人とし、山本さんが被保険者という保険に加入させました。つまり、子供が親である山本さんに生命保険を掛けたということです。毎年の保険料は贈与税の基礎控除である年110万円以内におさまるような保険を選びました。なお山本さんは既に他の生命保険に入っており、相続税における生命保険の非課税枠は使い切っています。

　山本さんに相続が発生したら、子供達に生命保険金がおりますが、一時所得がかかります。一時所得は｛（総収入金額－その収入を得るために支出した金額－特別控除額50万円）× 1/2｝×税率＝で計算されます。つまり、利益部分にのみ課税で、その実質的な税率

156

は最高でも 27.5%(所得税・住民税の最高税率を 55%とします) です。一方、相続税の税率は、もらう財産が多いほど高くなる累進課税をとっています。生命保険金を一時所得して受け取った場合は、どんなに受け取り金額が多くても、実質的な税率は 27.5%より高くなることはありません。山本さんの相続税を試算したら、かかる税率は 30%。したがって、山本さんの場合は、生命保険金を相続財産とせずに、一時所得としたほうが有利であったのです。

　さらに山本さんには、次のことをしなければなりません。

①山本さんが子供等の預金口座に現金を振込み、その口座から保険料を払わせる（親の口座から保険料を払っていると、親が実質の契約者と扱われる可能性があるからです）。

②毎年の贈与契約書を取り交わす。

③贈与額が 110 万円以上のときは、贈与税の申告書を毎年提出する。

④生命保険料については、山本さんの生命保険料控除としない。

　これで、子供たちが実質上の契約者となり、受けとる生命保険金は一時所得となります。

　　もし山本さんが、直接保険会社に保険料を支払ってしまったら、子供たちの代わりに保険料を負担しても、保険料を負担したときは「保険料分の贈与となり、贈与税がかかる」わけではありません。山本さんが亡くなり、子供たちが受けとる生命保険金は、みなし相続財産となり相続税がかかります。

　　もう 1 つ。山本さん自身が契約者でかつ被保険者である生命保険契約を、保険料全額支払後に子供達に贈与するのはどうでしょうか。やはり、契約自体を贈与したとき（名義変更時）には贈与税はかかりません。山本さんが亡くなり、子供たちが受けとる生命保険金は、やはり一時所得となります。

Ⅳ　やっておきたい！　相続対策編

6　不動産対策を考えよう
①特例を使おう（小規模宅地等の特例の適用）

・・

バニー：小規模宅地等の特例とは、相続や遺贈によって小規模な土
　　　　地を取得した場合、被相続人が自宅として住んでいたり、事
　　　　業を営んでいた宅地があったときは、その土地が今後も相続
　　　　人の生活の基盤になるであろうことに配慮して、一定割合を
　　　　減額することができるものです。最大で宅地評価の80％が
　　　　減額できます。

　　　　　この特例を適用できるかどうかで、土地の評価は大きく変
　　　　わってきます。そのために、相続発生後の遺産分割の際には、
　　　　小規模宅地等の特例の要件を満たすような分割をすることも
　　　　大事になります。もっと積極的にいうと生前に小規模宅地等
　　　　の特例の要件を満たすような準備をすることも必要ですね。

みか　：私、この特例についてちょっとだけ知ってます。しょっち
　　　　ゅう税制改正してますよね。相続した土地のうち、居住用は
　　　　330㎡まで、事業用は400㎡まで80％減。不動産貸付用は
　　　　200㎡まで50％減できるんですよね（図表56）。

バニー：はい、そのとおりです。小規模宅地等の特例は節税効果が
　　　　絶大である分要件は複雑ですが、次の2つがポイントです。
　　　　　相続開始直前の利用状況はどうか、取得者が誰かです。
　　　　①特定居住（事業）用宅地・・・80％減
　　　　　居住用の土地は配偶者が取得する場合か、他の相続人が申
　　　　告期限まで保有してかつ住み続けることが要件となります。
　　　　　二世帯住宅の場合、被相続人が老人ホームに入居した場合
　　　　も一定の条件を満たせば適用可能となります。事業用の土

158

【小規模宅地等の特例の概要（図表56）】

区分	内容	相続する人	減額割合	限度面積
特定居住用宅地等	自宅の土地	・配偶者 ・同居又は生計を同一していた親族 ・持家なしの別居親族	80%減	330㎡
特定事業用宅地等	会社・工場の土地	事業を引継ぐ親族	80%減	400㎡
貸付事業用宅地等	アパート駐車場の土地	事業を引継ぐ親族	50%減	200㎡

　　　　地は親の事業を申告期限までやり続けることが要件となります。

　②不動産貸付用宅地・・・50％減

　　　貸家、駐車場の不動産貸付の土地は、相続人が申告期限まで貸付事業を継続することにより適用されます。

　　　また、特定居住用と特定事業用は完全併用が認められており（330㎡＋400㎡＝730㎡まで）、貸付事業用がある場合は限定的な併用が認められています。

全員　：複雑〜

バニー：すべてをご説明しようとすると本一冊になってしまいますので、申し訳ないですが要点だけお伝えしました。適用要件については表にまとめましたのでご参照ください（図表57）。

みか　：えーっと、この特例を受けるために、しなければならないことは…。なんでしたっけ。

バニー：相続税の申告書を提出することではじめて、この特例を受けることができます。ですので、小規模宅地等の特例の適用を受けることで、相続税がゼロだったとしても申告しなくてはなりません。また、相続税の申告期限までに遺産分割を終えていることが条件です。

Ⅳ　やっておきたい！　相続対策編

【小規模宅地等の特例要件（図表57）】

特定居住用宅地等の要件

宅地等の利用状況		適用要件（取得者等ごとの要件）
被相続人の居住の用に供されていた宅地等	被相続人の配偶者	「取得者ごとの要件」はなし
	被相続人と同居していた親族	相続開始の時から相続税の申告期限まで、引き続きその家屋に居住し、かつ、その宅地等を相続税の申告期限まで有している人
	被相続人と同居していない親族	①から③の全てに該当する場合で、かつ、次の④及び⑤の要件を満たす人 ①相続開始の時において、被相続人若しくは相続人が日本国内に住所を有していること、又は、相続人が日本国内に住所を有しない場合で日本国籍を有していること ②　被相続人に配偶者がいないこと ③　被相続人に、相続開始の直前においてその被相続人の居住の用に供されていた家屋に居住していた親族でその被相続人の相続人（相続の放棄があった場合には、その放棄がなかったものとした場合の相続人）である人がいないこと ④　相続開始前3年以内に日本国内にあるその人又はその人の配偶者の所有する家屋（相続開始の直前において被相続人の居住の用に供されていた家屋を除きます。）に居住したことがないこと ⑤　その宅地等を相続税の申告期限まで有していること
被相続人と生計を一にする被相続人の親族の居住の用に供されていた宅地等	被相続人の配偶者	「取得者ごとの要件」はありません
	被相続人と生計を一にしていた親族	相続開始直前から相続税の申告期限まで引き続きその家屋に居住し、かつ、その宅地等を相続税の申告期限まで有している人

（出典：国税庁）

特定事業用宅地等の要件

宅地等の利用状況		適用要件
被相続人の事業の用に供されていた他宅地等	事業承継要件	その宅地等の上で営まれていた被相続人の事業を相続税の申告期限までに引き継ぎ、かつ、その申告期限までその事業を営んでいること
	保有継続要件	その宅地等を相続税の申告期限まで有していること
被相続人と生計を一にしていた被相続人の親族の事業の用に供されていた宅地等	事業承継要件	相続開始の直前から相続税の申告期限まで、その宅地等の上で事業を営んでいること
	保有継続要件	その宅地等を相続税の申告期限まで有していること

特定同族会社事業用宅地等の要件

宅地等の利用状況		適用要件
一定の法人の事業の用に供されていた宅地等	法人役員要件	相続税の申告期限においてその法人の役員であること
	保有継続要件	その宅地等を相続税の申告期限まで有していること

貸付事業用宅地等の要件

宅地等の利用状況		適用要件
被相続人の貸付事業の用に供されていた宅地等	事業承継要件	その宅地等に係る被相続人の貸付事業を相続税の申告期限までに引き継ぎ、かつ、その申告期限までその貸付事業を行っていること
	保有継続要件	その宅地等を相続税の申告期限まで有していること
被相続人と生計を一にしていた被相続人の親族の貸付事業の用に供されていた宅地等	事業承継要件	相続開始の直前から相続税の申告期限まで、その宅地等に係る貸付事業を行っていること
	保有継続要件	その宅地等を相続税の申告期限まで有していること

(出典：国税庁)

Ⅳ　やっておきたい！　相続対策編

＜事例＞住み替えて、小規模宅地等の特例をとろう

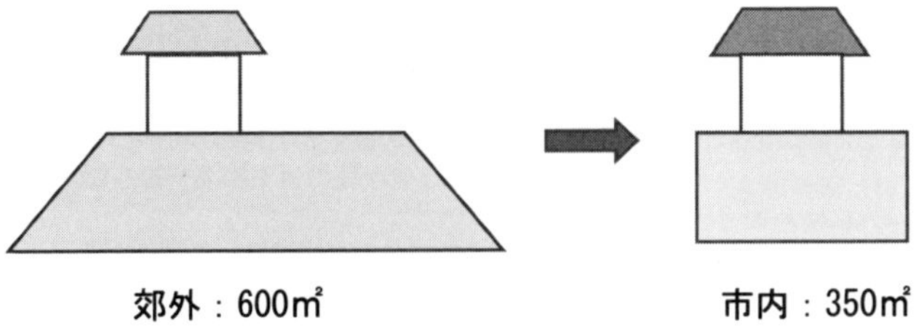

郊外：600㎡　　　　　　市内：350㎡

　渡辺さんは 10 年前に退職し、今は奥さんと悠々自適の生活です。
　渡辺さんの自宅は神奈川県の郊外にあり、高齢になった渡辺さん
夫妻にとっては、何かと不便を感じていました。しかも、600㎡（評
価額 6,000 万円）の広い自宅敷地は、ただ広いだけで普段は足を
踏み入れることもありません。
　そんなとき高齢になった両親の身を案じ、都心の賃貸アパートで
暮らしている 1 人息子の誠から、同居の話が出ました。早速、渡
辺さんは自宅を売却し、横浜市内の 350㎡（評価額 5,600 万円）
の土地に住み替えました。
　小規模宅地の特例（特定居住用）は、最大面積 330㎡までの適
用限度です。住み替え前は「6,000 万円× 330㎡ /600㎡× 80％＝
2,640 万円」の減額だったのに対し、住み替え後は「5,600 万円×
330㎡ /350㎡× 80％＝ 4,224 万円」の大幅な減額をとることがで
きました。

162

＜事例＞小規模宅地等の特例のために家を売却

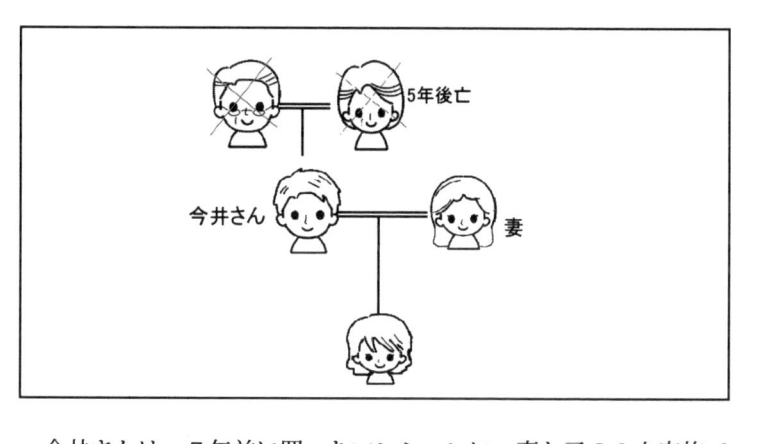

　今井さんは、7年前に買ったマンションに、妻と子の3人家族で暮らしています。お父さんは既に他界しており、実家ではお母さんが1人で暮らしています。相続人は今井さん1人、今から相続税の準備をしようと考えました。

　小規模宅地等の特例（特定居住用）の適用を受けるためには、「被相続人と同居」か、もしくは「相続前3年以内に持ち家に住んでいない」という要件を満たす必要があります。同居は無理なので、後者の要件を満たすべく、早々にマンションを売りに出し、自分たちは賃貸マンションに転居。その5年後にお母さんが亡くなり、今井さんは実家の土地に対して小規模宅地等の特例(80％減)の適用を受けることができました。

　しかし、このケースでは持ち家を売却せずに賃貸し、自分達は別のマンションを借りて住んでもよかったのです。急いで売却する必要はありませんでした。

Ⅳ　やっておきたい！　相続対策編

6　不動産対策を考えよう
②土地分割の工夫

● ●

バニー：土地は、例えば1つの土地を1人、が相続するのと比べ、
　　　　土地を分割し何人かで相続するほうが、土地の道路づけや地
　　　　形などにより、その土地の相続税評価額を安くすることがで
　　　　きる　　ことがあります。その逆もあります。

父　　：そうなんですね！　では、対策もなにもしていないうちに
　　　　相続がおきても、節税できる策の1つということですね。

バニー：そうです。相続開始後にできる数少ない対策の1つです。
　　　　　路線価方式による土地の評価は、宅地が接する路線の数が
　　　　多いほど評価が高くなりましたよね。

みか　：角にある土地や、後ろにも道路が走っている土地は利用価
　　　　値が高いですもんね。

バニー：これは、この点に注目して土地を分割すると評価額を下げ
　　　　ることができるケースです（図表58）。

父　　：分割によってこんなにも評価がかわるとは驚きです。

バニー：次は、分割の失敗によって税金が高くなってしまった事例
　　　　をもう1つご紹介しますね。これは、前にちょっとだけ触れ
　　　　た「広大地評価」を利用した事例になります。

母　　：「広大地評価」って最大約65%減になるというものでした
　　　　よね。ところで広大地ってなんですか。

バニー：広大地とはその地域の一般的な宅地の面積に比べて著しく
　　　　広い面積の土地であること。宅地分譲開発を行ったとすると
　　　　開発道路等の設置が必要であること。マンション建設や大規
　　　　模工場用地等としては適さないこと。等の要件を満たした土

【土地の利用区分の変更による評価減（図表 58）】

路線価25万円/㎡

ⅰ.1人で相続

路線価
20万円/㎡

400㎡

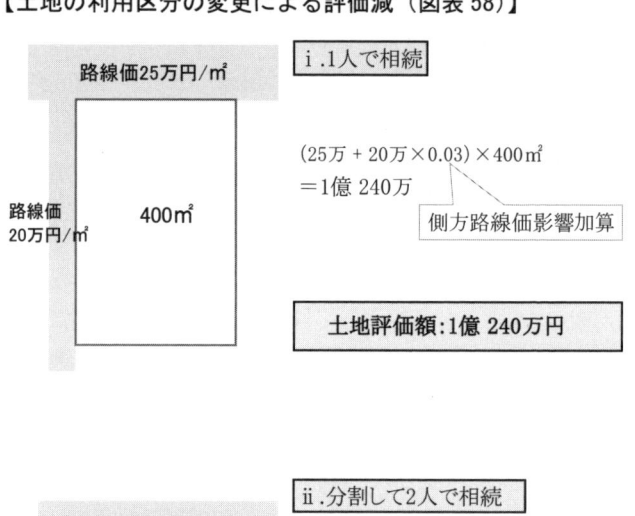

$(25万 + 20万×0.03)×400㎡$
$=1億 240万$

側方路線価影響加算

土地評価額：1億 240万円

路線価25万円/㎡

ⅱ.分割して2人で相続

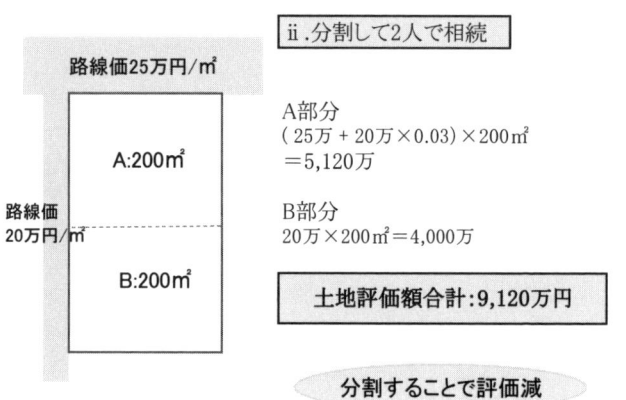

A:200㎡

路線価
20万円/㎡

B:200㎡

A部分
$(25万 + 20万×0.03)×200㎡$
$=5,120万$

B部分
$20万×200㎡=4,000万$

土地評価額合計：9,120万円

分割することで評価減

地です。ポイントは開発道路が必要なほど著しく広い…。

父　：あっ、わかりました。本当は1人の人が取得すれば、この「広
大地評価」が適用できたのに、複数人によって分割してしまっ
たために、それぞれの土地が狭くなって広大地評価の適用で

165

Ⅳ　やっておきたい！　相続対策編

　　きなくなってしまったということですね（事例）。

バニー：大正解です！　冴えてますね！　さらにもう1つ。

　　　　説明が前後しますが、土地の評価は「地目」ごと「利用状況(自己使用・賃貸等)」ごと「取得者」ごとに区分して評価します。評価の区分のことを「評価単位」といいます。

　　　　まず、地目が同じ場合は地目ごとに評価し、別な場合は被相続人の利用状況ごとに評価し、さらに取得者が別であるなら取得者ごとに評価します。

　　　　図表59は、分割によって評価単位が異なり、評価額も変わってくるケースです。父が被相続人で、相続人は2人(長男、次男)です。遺産である宅地Aは長男の居住用家屋(長男所有)と父の居住用家屋(父所有)の敷地となっています。他に相当額の預貯金、株式等が遺産となっています。

　　　　分割案①：土地を、長男の家屋の敷地部分(A-1)を長男が相続、父の家屋の敷地(A-2)を次男が相続、預貯金等は均等に相続する。

　　　　分割案②：土地については長男が相続、預貯金等の大半を次男が相続する。

　　　　①案では(A-1)と(A-2)を区分して個別に評価します。(A-1)は減額要素なし(A-2)の土地については土地の形が悪くなるので最大約4割の評価減ができる可能性があります。②案の場合は、極めて整形地に近いため、減額要素がありません。

　　　　すると分割案①のほうが分割案②よりも相続税評価額は低くなり、相続税の節税となることとなります。

母　　：土地の評価って深いわね~。知らないと大損するわね。

バニー：もっとも皆が納得し争いにならないよう分割することが大事であって相続税の節税ありきではないのですが…。

166

【評価単価の判定（図表 59）】

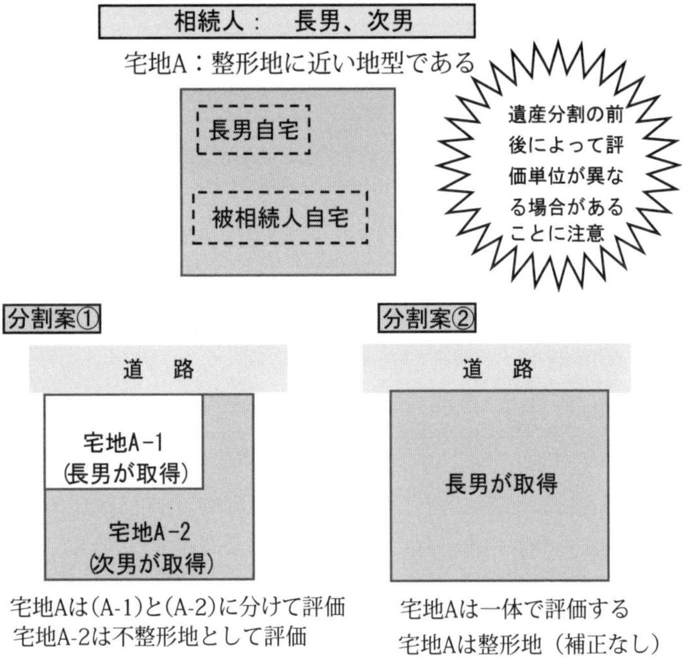

相続人： 長男、次男

宅地A：整形地に近い地型である

```
┌─────────────────┐
│  ┌ ─ ─ ─ ─ ┐    │
│  │ 長男自宅 │    │
│  └ ─ ─ ─ ─ ┘    │
│                 │
│  ┌ ─ ─ ─ ─ ─ ┐  │
│  │ 被相続人自宅 │  │
│  └ ─ ─ ─ ─ ─ ┘  │
└─────────────────┘
```

遺産分割の前後によって評価単位が異なる場合があることに注意

分割案①

道 路

| 宅地A-1
（長男が取得） |
| 宅地A-2
（次男が取得） |

宅地Aは(A-1)と(A-2)に分けて評価
宅地A-2は不整形地として評価

分割案②

道 路

| 長男が取得 |

宅地Aは一体で評価する
宅地Aは整形地（補正なし）

ココがまちがいやすい！

分割案②のケースでは長男と次男が共有で相続しても一体評価されますので、単独所有と同様の効果がでます。ただし基本的に不動産の共有は極力避けるべきです。

双方の合意がなければ処分や運用ができなくなりますし、片方に相続が発生した場合、土地の共有者が増えることがあります。

Ⅳ　やっておきたい！　相続対策編

＜事例＞あわてて、分割してしまったばっかりに

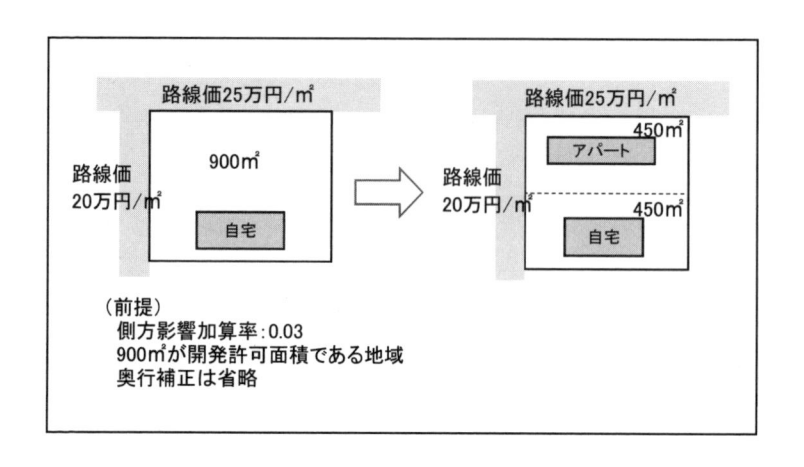

（前提）
側方影響加算率：0.03
900㎡が開発許可面積である地域
奥行補正は省略

　高橋さんは、不仲の兄がいました。職を転々とする兄は、時々ふらっとお金の無心に来る程度で、高橋さんが高校を卒業して実家を出てからは、お互い連絡をとりあうこともない状態でした。

　この度、高橋さんのお父様が亡くなり、遺言書がなかったので、相続人である高橋さん、母、兄が分割協議をすることになりました。

　自宅は母が取得してこのまま住み続けてもらう、預貯金や株式も母に取得してもらうことにしました。残るは900㎡の土地。

　これを高橋さんと兄とで分けてもらうことになりました。

　兄は「絶対に共有はいやだ、土地を2つに分筆する、そして、俺は角地をもらう」といって聞きません。この土地は北側と西側が道路に面している土地でした。この土地を横に切って分け、自分は角地部分を欲しいというわけです。

　高橋さんもこれ以上、兄と話しもしたくないし、かかわりたくな

いので、承諾しました。

　しかし、この900㎡の土地は実は「広大地評価」が適用できる土地だったということが判明しました。

　この場合、分筆してそれぞれが相続するのではなく、全体を共有で相続し、土地を広大地として評価して相続税を納める方法もありました。

　分筆をしてそれぞれ別の相続人が相続する場合には、土地の評価単位は別々になってしまい、せっかくの広大地評価が使えないからです。

（分筆して相続した場合）

兄の評価額：（25万円＋20万円×0.03）×450㎡＝11,520万円

高橋さんの評価額：20万円×450㎡＝9,000万円

合計：11,520万円＋9,000万円＝20,520万円

（全体を共有で相続した場合－広大地評価）

全体評価額：25万円×（0.6－0.05×900㎡/1,000㎡）

　　　　　　×900㎡＝12,487万円

Ⅳ　やっておきたい！　相続対策編

6　不動産対策を考えよう
③土地の有効活用
・・

バニー：まず、節税の大原則として、財産は現金で持つよりも不動
　　　　産で持ちなさいというのがあります。現金はそのままで評価
　　　　されますが、現金を不動産に替えると、相続税評価額で評価
　　　　（路線価、固定資産税評価額がベース）するので、価額が安
　　　　くなるからです。

父　　：節税対策のためにアパート建てるっていうのはよく聞くね。

バニー：はいそうです！　土地の上にマンションや賃貸ビルを立て
　　　　ると、評価は下がるのです（「貸家建付地」）。建物について
　　　　は固定資産税評価額で評価しますが、固定資産税評価額は建
　　　　築費用のおおよそ60％程度です。賃貸することでさらに30
　　　　％評価が下がります。つまり建築費×0.6×0.7、評価が半
　　　　分以下に圧縮されます。小規模宅地等の特例対象（50％減）
　　　　にもなります（図表60）。

みか　：しかも、賃料が入るので、納税対策にもいいですよね。

バニー：他にも土地を有効利用した、節税対策、納税対策の方法を
　　　　いくつかご紹介しますね。

　　　　①駐車場経営：基本的に土地の評価額そのものの圧縮効果は
　　　　　ないですが、一定の要件を満たせば小規模宅地等の特例が
　　　　　使えます。リスクが少なくいざとなったら売却も容易です。

　　　　②借地権の整理：土地の賃借人に建物などを立てさせている
　　　　　場合です。この場合、借主はその土地の使用権＝借地権を
　　　　　持っており、地主は底地(更地－借地権＝底地)を持つこ
　　　　　とになります。相続税評価は「貸宅地」という扱いになり

170

【アパートを建てることによる評価減（図表60）】

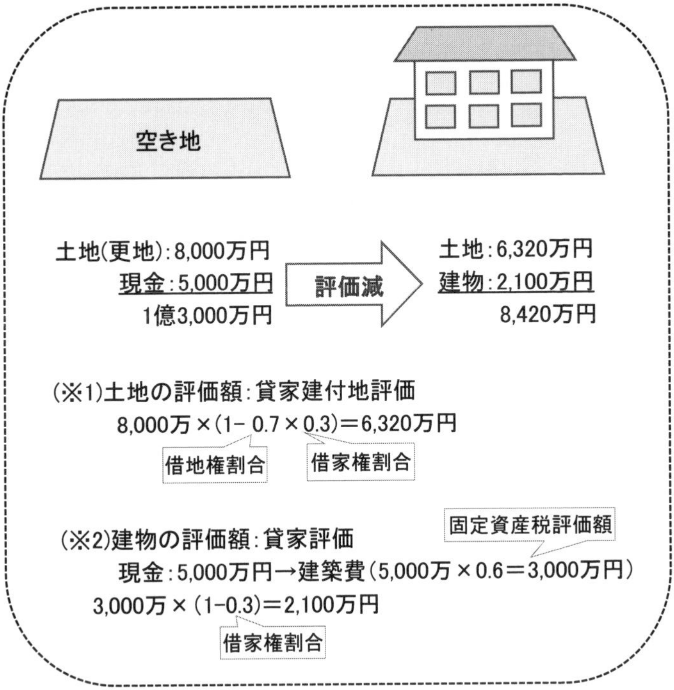

空き地

土地(更地)：8,000万円
現金：5,000万円
1億3,000万円

評価減

土地：6,320万円
建物：2,100万円
8,420万円

（※1）土地の評価額：貸家建付地評価
8,000万 ×（1- 0.7 × 0.3）＝6,320万円
借地権割合　借家権割合

（※2）建物の評価額：貸家評価
固定資産税評価額
現金：5,000万円→建築費（5,000万 × 0.6＝3,000万円）
3,000万 ×（1-0.3）＝2,100万円
借家権割合

ます。貸宅地は地主が自由に処分できないため、評価額が減額（概ね住宅地で30%〜40%減）されますが、

・契約更新が前提であり、地主からの契約解除が困難である。

・底地のみでの売却は困難。非常に低い金額となるので、（底地の売却金額＜相続税評価額）となるケースが往々にしてある。

・土地の賃借料（地代）も一般的には高くなく、収益性が低いことが多い。

171

IV　やっておきたい！　相続対策編

　　　　・借地人に相続が発生し場合や高齢の借地人の対応、等々。

　　　　　つまり収益性が低く十分な収入も得られないのに、相続税
　　　　の評価額は高めで、ややこしい問題が生じるかも、というこ
　　　　とを心配をしなければいけないかも…。

母　　：まぁ、大変なのね。

バニー：なので、場合によっては底地を売却したり、逆に借地権を
　　　　買い取ったり、もしくは底地と借地権を交換したり（図表61）
　　　　して、整理します。借地権の問題を解消できれば、その土地
　　　　の売却や、有効活用を検討できます。他にもこんな方法もあ
　　　　ります。

　　　　③定期借地権の活用：定期借地権とは、契約期間終了後に借
　　　　　地を返還する定めのある借地権をいいます。前述した通常
　　　　　の「借地権」は契約更新が基本でしたので、場合によって
　　　　　は半永久的に地主に土地が戻ってきませんでした。そこで、
　　　　　借主が建物を建てる際に定期借地契約を使って土地を貸せ
　　　　　ば、地主はリスクを負うことなく、かつ評価も更地状態に
　　　　　比べ 30 〜 40％ほど減額されるため節税効果にもつなが
　　　　　ります。

　　　　④郊外の遊休地を処分して高収益物件への買い換え：所有地
　　　　　にマンションを建てるのではなく、そこを売ってより収益
　　　　　性の高い賃貸物件を購入する。収益性が向上し、納税資金
　　　　　が確保できます。

父　　：お金を収益不動産に替える。評価も下がり、賃料も入って
　　　　くる。いいことづくめだけど、収益不動産は建てた後の利回
　　　　りも考えないといけないな。建てたはいいけど空室じゃあね。

バニー：そうなんです。不動産経営はリスクがつきものです。建て
　　　　る前に入念に検討してくださいね。

【借地権と底地の交換（図表 61）】

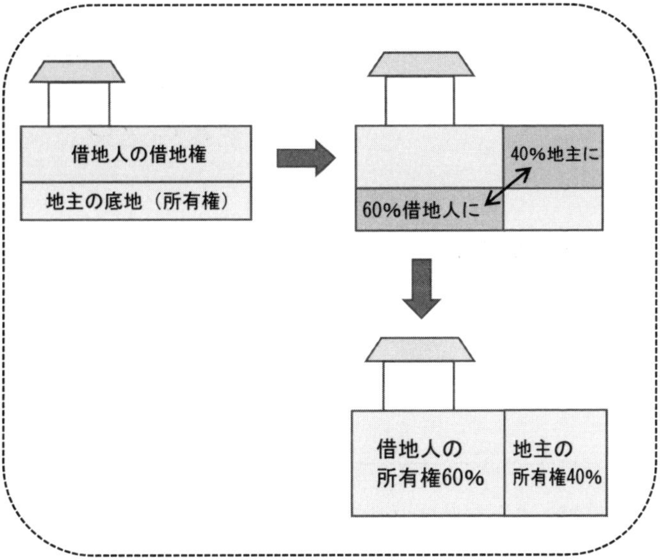

ココがまちがいやすい！

不動産の有効活用については、相続税、所得税等の税金関係知識、不動産関係の法律知識(民法、借地借家法他)が必要となります。様々な観点からの検討も必要なため複数の専門家(税理士、弁護士、不動産業者)に相談することをおすすめします。

Ⅳ　やっておきたい！　相続対策編

＜事例＞マンションを建ててはみたものの

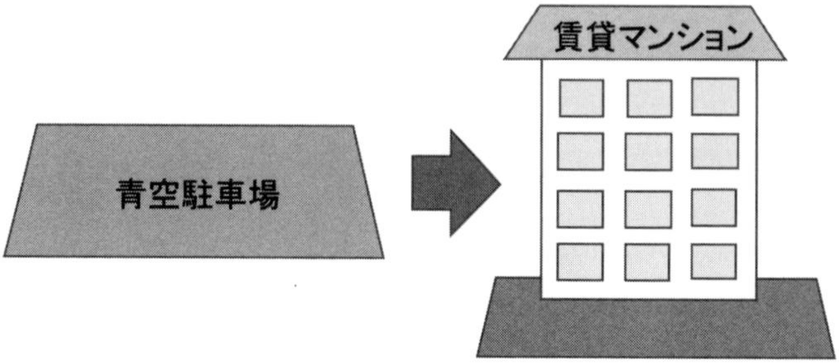

和田さんは、6年前からマンション経営を始めました。

青空駐車場にしていた土地に、相続税対策のため、建築費3億円でマンションを建てたのです。

建築費のうち5,000万円は自己資金、残り2億5,000万円は取引銀行からの借入金です。

当初は独身向けのアパートを考えていたのですが、ハウスメーカーのすすめもあり、1階を店舗、上階を住宅用とするマンションにしました。この立地ならテナントもすぐに見つかるだろうとの話でした。

たしかに、建築中に3室全てのテナント入居が決まり、滑り出し順調でした。ところが、店子の1つのコンビニが近所にできた大手コンビニのあおりを受けて1年も経たないうちに撤退。その後もテナントの交代があり、結局2つの店舗が空いたままになっ

174

ています。家賃の値引きをしても借り手は見つかりません。また、最近近隣に新しいマンションが増え、住宅部分の空き室も目立つように…。

　立地はそれほど悪くないのに、なぜこんなことになったのでしょう。

　不動産業者の話によれば、ここ2、3年で建築費の値引きが激化し、割安で良質なアパートやマンションの供給が増えているとのこと。しかも和田さんのマンションの建築費は当時としても割高。和田さんは素人で、ハウスメーカーを紹介してくれた銀行担当者への遠慮もあって、他社の見積りさえ取っていなかったのです。

　現在は、なんとか持ち出しで借入金の返済を続けていますが、このまま空きが増えれば返済どころか生活もどうなってしまうのか…と眠れない毎日を送る和田さんです。

・賃貸建物の建築は、相続税評価額を大幅に圧縮し、大きな節税効果をもたらします。更に賃貸料は納税資金に充てることも可能です。
多額の相続税支払いが見込まれる場合は是非ご検討されるとよいと思います。

・ただし不動産の賃貸事業は長期にわたる将来の事業採算性の検討が必要です。これは不動産業者による「一括借り上げ」を利用する場合も同様です。
建てれば借主がつくという時代ではありません。1つの事業を営む経営者としての視点が必要です。

Ⅳ　やっておきたい！　相続対策編

6　不動産対策を考えよう
④法人設立３つの方法

●●

バニー：次に法人を利用した、不動産対策を考えてみましょう！

みか　：賃貸不動産のオーナーが法人を作って節税対策をするなん
　　　　てよく聞いたことがありますが、具体的にはどんなものなの
　　　　ですか。

バニー：相続税や所得税の節税ですね。法人（ここでは株式会社等
　　　　の会社）を利用した場合の一般的なメリットとして、次があ
　　　　げられます。

　　　　・法人にすることにより税率が下がることがある
　　　　・家族を役員とすることで、役員報酬を通じて所得分散がで
　　　　　きる
　　　　・所得分散により所得税節税、将来的には相続税節税になる
　　　　・法人による事業承継が可能

父　　：ふんふん、よく言われていることだね。

バニー：法人活用といっても、大きく分けて①管理会社方式、②サ
　　　　ブリース方式、③不動産所有会社方式の３パターンがあり
　　　　ます。

母　　：そんなに⁉　ご説明お願いします！

バニー：まず①「管理会社方式」。法人を不動産オーナーやその親
　　　　族が設立して、オーナーの所有物件をその法人に管理委託す
　　　　る形式です。法人はオーナーの賃貸物件の管理のみの仕事だ
　　　　け請け負うため、オーナー個人から法人へ移せる金額は、家
　　　　賃収入の一般的に７〜８％が程度でしょうか。なのでそれほ
　　　　ど高い節税効果は望めません。

176

【不動産対策の法人活用・３つの方式（図表62）】

①管理会社方式

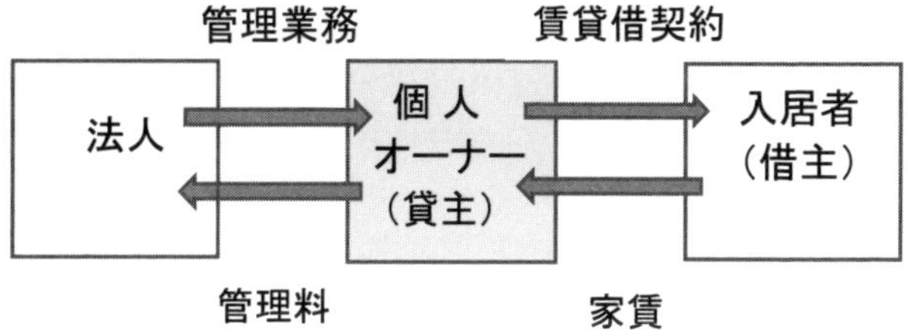

管理業務　　　　　賃貸借契約

法人　→　個人オーナー（貸主）　→　入居者（借主）
　　　←　　　　　　　　　　　　←

管理料　　　　　　　　家賃

②サブリース方式

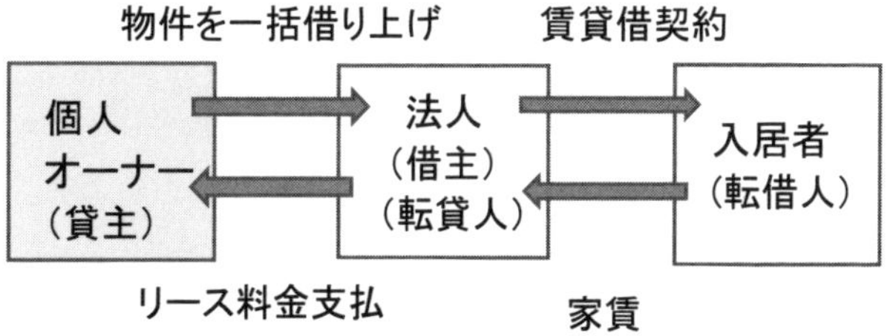

物件を一括借り上げ　　　賃貸借契約

個人オーナー（貸主）　→　法人（借主）（転貸人）　→　入居者（転借人）
　　　　　　　　　←　　　　　　　　　　　　　←

リース料金支払　　　　　　家賃

③不動産所有会社方式

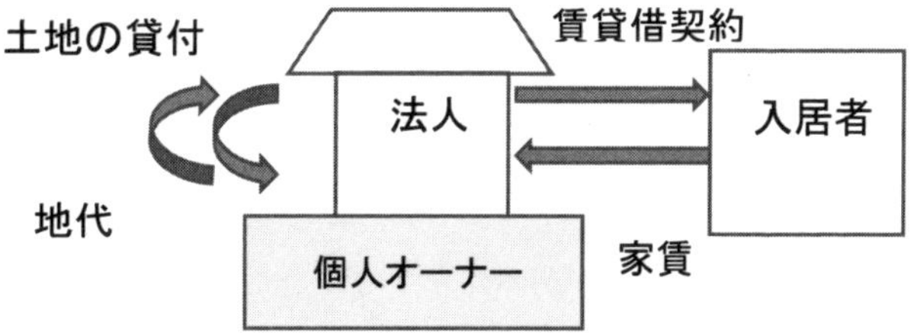

土地の貸付　　　　　　賃貸借契約

法人　→　入居者
　　　←

地代

個人オーナー　　　　　家賃

Ⅳ　やっておきたい！　相続対策編

父　　：最近あまり流行ってないのはそういうことか。

バニー：そうですね、昔はスタンダードな方式でしたけどね。次の②「サブリース方式」とは、不動産オーナー所有の賃貸物件を、同じく不動産オーナーもしくは親族が設立した法人が一括して借り上げ、第三者に転貸する方式です。

　　　　法人は管理会社方式と同様に賃貸物件の管理業務を行うと同時に、オーナーと賃借人との間に割り込む形になるので、そこで利ざやを稼ぐというわけです。ですので、管理委託方式よりも少し高め（概ね家賃収入の 15 ～ 20% 程度）の利益 (転貸利益) を受け取ることができます。

　　　　一方で、空室だらけのアパートを所有している場合、法人をサブリース方式で一括貸しをすることで、土地の評価を下げることが可能です。土地は利用状況により減額することができると前述しましたが、土地の上に賃貸アパートや貸家が建っていると、貸家建付地として更地評価のおよそ 80% 程度に落とすことができます。しかし、これは満室の状態であって、空室分は減額することはできません。法人に一括貸し＝建物 100% 賃貸なので、この減額がフルに使えます。

みか　：なるほどねー。考えたわね。

バニー：最後は③「不動産所有会社方式」。不動産オーナーが、法人に賃貸物件の建物だけを売却する方法です。法人の株主はオーナーの相続人（配偶者以外の)が望ましいです。オーナーを株主としてしまっては、オーナーの株式という形で財産が増えてしまう場合があるからです。ただ、場合によっては株の評価額圧縮対策をすることにより、大きな財産の圧縮効果を得るということもあります。

　　　　この場合は " オーナ＝株主 " でかまいません。

【3つの方法のメリット・デメリット（図表63）】

	管理会社方式	サブリース方式	不動産所有会社方式
メリット	・毎年の所得税の軽減 ・相続財産の増加の防止		
	効果小	効果まあまあ	効果大
デメリット	・会社設立費用がかかる ・法人の場合には赤字であっても最低限の税負担（地方税の均等割）が生じる ・社会保険の手続きが必要となる		
	個人不動産賃貸物件の管理のみの仕事だけ請け負うため、個人賃貸業から法人へ移せる利益は、家賃収入の8%ほどです	全体の個人家賃収入金額が少なかったり、空室率が高い場合は、ケースによりますが、増税となってしまいます	個人所有の不動産を法人に移転する時の手間と相続税節税に時間がかかります

　　また、株主の人数ですが、株主は「後継者となる子供のみ」
が望ましいです。不動産を所有している会社の株式を持つと
いうことは、不動産を所有することと同じです。つまり、株
主が複数いるということは、その不動産を共有していること
になってしまうからです。

父　：株主の話だけでも沢山ですね。しかし、株主は後継者であ
　　　る子供にするのは大賛成だけど、不動産オーナー兼会社社長
　　　である親は、まだまだ実権を握りたいんじゃないの？
　　　だって年若い子供だったら未熟な場合がありますよね。

179

Ⅳ　やっておきたい！　相続対策編

バニー：会社はさまざまな種類株式を発行できます。その1つとして「議決権のない株式」があります。議決権がない代わりに配当はするなどの条件をつけて、経営自体には口出しをさせないことができるため、当面は会社の経営を握りたいという社長さんにはうってつけだと思います。

　　　　話は戻りまして、この方式のメリットですが、不動産賃料収入はすべて法人へ移転されるため、所得税及び相続税の節税効果が最も高い方式であるといえます。本人以外の者が建物を建てていることになるので、いわゆる借地権課税が生じますが、「土地の無償返還に関する届出書」を提出すればその課税を逃れることが可能になります。

　　　　また、建物は帳簿価格（減価償却の控除後の残高）で売却するのが基本であるので、売却益が出ないため譲渡所得税の問題もありません。

父　　：節税効果も高く、文句つけようがない方法だね！

バニー：はい、一番おススメしたい方法です。しかし、オーナー個人から法人へ不動産の移転を伴うことから、次のようなデメリットもあります。

①移転費用がかかる

　　　　不動産取得税・登録免許税等の実費が評価額によってはかなりの規模でかかってきます。もちろん、節税効果により取り返せるのですが、これらはそもそも不動産を移転しなければかからない費用なので、心情的に実行を躊躇される方が多いようです。

②相続税対策の即効性はない

　　　　オーナーに貯まる収入を、法人を媒体にして、相続人等に分散させる効果があるので、所得税対策としては即効性があ

180

ります。しかし、相続税対策は、年数を積み上げていくことでの対策になります。またオーナーから見ると物件を金銭に変えるという、一般的な相続税対策と逆のことを行いますので、売却金額の設定によっては一時的に総財産の額が増える場合があります。

③物件に借入金が残っている場合、移転が難しい場合もある

「借入残債＞建物帳簿価額」という状況になっていると、法人化するのはハードルが高くなります。「建物帳簿価額＝売却収入」なので、賄えない借入残債を自己資金で返済するか、法人へ借入をすることになります。借入に対する利息はオーナーにとっては経費になりません。

みか　：そうか、法人化すればすぐに相続税の節税になるのだと思っていたよ。

バニー：はい、そうなんです。しかし、この方法は法人を使った節税スキームのスタンダードです。うまく型にはまれば、かなりの効果が望めます。実行なさるタイミングを考えて、是非検討されてくださいね。

Ⅳ　やっておきたい！　相続対策編

ココがまちがいやすい！

　「法人活用」といっても３つあり、方法によって効果、コストや手間に違いがあります。適切な方法を選択してください！
・法人設立をすることによって、すぐに得られるメリットは、所得分散による「所得税」の節税です。相続税の節税はすぐには節税になるとは限りません。時間がかかる場合があります！
・基本的に、"株主は不動産オーナーの親族""社長は不動産オーナー"というケースが多いと思います。
「議決権のない株式」 や「拒否権付株式」の発行などによって、当面の間会社に対する影響力を確保する工夫も必要かもしれません。
・節税効果の高い「法人活用」ですが、法人を設立する以上、設立してからのコストもばかにはなりません。
法人化をするにあたり、十分なシミュレーションと専門家へのご相談をおすすめします！

タワーマンションへの投資

「○○ベイサイドタワー、即日完売！」等と、タワーマンションの人気はますます上昇しています。なぜこんなにタワーマンションが人気なのでしょう。

もちろん、投資物件として値上がりが期待でき、将来のキャピタルゲインが見込めるからというのは当然ですが、タワーマンションは節税効果という点で他の物件よりも優れているからなのです。

相続財産は現金で持っているよりも「物」に替えて持つほうが、相続税算出の際の評価額（相続税評価額）が低くなるので有利という大前提がありました。マンションを買うということは、「建物」＋「土地」を持つということで、「建物」は「土地」に比べて、相続税評価額がより低いのです。

タワーマンションは、普通のマンションに比べて、価格に占める「建物」の割合が大きいから、節税効果が高いと言われているのです。

そして、相続税評価額は高層階でも低層階でも間取りが同じであれば同額なので、分譲価格が高い高層階の物件ほど、評価減の効果は高いといえます。

しかし、評価減が高いということは、他のマンションに比べて、割高で、投資用と考えれば利回りが悪いし、高い修繕積立金、大勢の住人でのマンション管理区組合など、タワーマンションならではのデメリットもいっぱいあります。

節税効果が望めるからといってとびつき、あまりに高い評価減なのを理由にその評価減が税務署に否認されたケースもあるので、冷静な判断が必要となります。

著者 ─────────────

ベイヒルズ税理士法人

住所：横浜市神奈川区栄町 1-1　KDX 横浜ビル 6F　　TEL：045-450-6701
http://www.bayhills.co.jp/
yokohama@bayhills.co.jp

〈編者紹介〉

岡　春庭（おか　はるにわ）

ベイヒルズ税理士法人代表。
大学卒業後東芝本社に入社し、10 年間勤務後大手会計事務所に転職。1988 年独立開業。
2013 年 1 月ベイヒルズ税理士法人に組織変更し、代表社員に就任。
神奈川県経営診断員に従事し、現在公益社団法人神奈川県経営診断協会会員。
税務会計顧問、経営コンサルタントとして、金融機関、商工会議所、各種同業者団体等の講演、
セミナー講師としても活躍中。主な著書に『社長の節税と資産作りがぜんぶわかる本』 あ
さ出版『会社を軌道に乗せる！これからの経営計画』日本事業承継コンサルタント協会 『こ
れで勝つ！試練に打ち克つノウハウ 31』岡税務会計事務所　がある。

平間　直也（ひらま　なおや）

ベイヒルズ税理士法人　資産税課　統括部長。
相続税申告を中心に資産税業務に 17 年間携わり、その間に数百件以上の申告をサポート。
お客様の「不安」を「安心」に変えることを、業務遂行の指針としている。

齋藤　美佐（さいとう　みさ）

ベイヒルズ税理士法人　資産税課　課長。外資系金融会社、会計事務所等勤務後、ベイヒ
ルズ税理士法人に入社。同社資産税課にて、相続、贈与等資産税分野に関する税務業務に
従事。お客様に親切でわかりやすい対応を心がけている。

資料作成：ベイヒルズ税理士法人 資産税課スタッフ

会話式＆事例で学ぶ
「ココがまちがいやすい！ 相続・贈与」

2015年 9 月18日　初版発行

著　者	ベイヒルズ税理士法人　　©Bayhills Tax Account Office

発行人　森　　忠順
発行所　株式会社 セルバ出版
　　　　〒 113-0034
　　　　東京都文京区湯島 1 丁目 12 番 6 号 高関ビル 5 B
　　　　☎ 03（5812）1178　　FAX 03（5812）1188
　　　　http://www.seluba.co.jp/

発　売　株式会社 創英社／三省堂書店
　　　　〒 101-0051
　　　　東京都千代田区神田神保町 1 丁目 1 番地
　　　　☎ 03（3291）2295　　FAX 03（3292）7687

印刷・製本　モリモト印刷株式会社

●乱丁・落丁の場合はお取り替えいたします。著作権法により無断転載、
　複製は禁止されています。
●本書の内容に関する質問は FAX でお願いします。

Printed in JAPAN
ISBN978-4-86367-229-1